PRACTICE ACTIVITIES

DISCOVERING FRENCH
ROUGE

WRITING ACTIVITIES

LISTENING/ SPEAKING ACTIVITIES

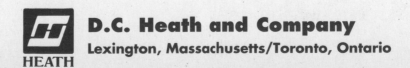

D.C. Heath and Company
Lexington, Massachusetts/Toronto, Ontario

Practice Activities written by:

Marie-Claire Antoine
Sophie Masliah

Art: Len Shalansky

D.C. Heath and Company,
a Division of Houghton Mifflin Company

Printed in the United States of America

International Standard Book Number: 0-618-04710-7

5 6 7 8 9   CKI   06 05 04 03 02

Contents

LISTENING/SPEAKING ACTIVITIES 105

To the Student

Your Practice Activities book is divided into two parts:

Writing Activities

The Writing Activities will give you the chance to develop your writing skills and put into practice what you have learned in class.

The activities in the **Reprise** unit correspond to the **Reprise** unit in the student text. Each activity is keyed to a yellow "reminder note" in the student text. You will also find a reference arrow that shows you where additional material is reviewed in the Appendices.

The activities in the other ten units correspond to the ten units in the student text. Each unit is divided into activities that practice material learned in the **Le français pratique** sections and activities that practice material learned in the **Langue et communication** sections. In the **Langue et communication** sections, the activities are coded to correspond to a particular *part* of the lesson, For example, **A** at the beginning of an activity means that the material is related to the structures presented in part A of that **Langue et communication** section. The symbol means that the material is related to the yellow "reminder note." The last one or two activities are called *Communication* and encourage you to express yourself in various additional communicative situations.

Listening/Speaking Activities

The Listening/Speaking Activities have the direction lines, printed cues, and pictures you will need to complete the recorded activities in the Cassette Program. The ten units correspond to the ten units in the student text. Each unit is divided into activities that practice material learned in the **Le français pratique** sections and activities that practice material learned in the **Langue et communication** sections.

Be sure to have your Practice Activities book with you when working with the Cassette Program.

Writing Activities

Introduction to the *Reprise:*

The **Reprise** will help you check what you already know and where you may need to review a little. If you find certain parts difficult, you may want to review the material in the corresponding sections of the **Reprise** and in the Appendices of your textbook. (The page numbers are indicated by an arrow next to each activity.)

Reprise A *La vie courante* ....

Rappel ◇1◇ **Bonjour!**

Les adjectifs réguliers et irréguliers

REFERENCE ▶ Appendix A, p. R7

1. Expression personnelle C'est la rentrée *(opening of school)* et il y a des nouveaux élèves dans votre classe. Ils vous demandent ce que vous pensez des personnes et des choses suivantes. Répondez en utilisant trois adjectifs dans chaque réponse. (Attention à l'accord des adjectifs!)

SUGGESTIONS:	attentif	discipliné	intelligent
	bête	drôle	prétentieux
	compréhensif	ennuyeux	sérieux
	cruel	gentil	spirituel
	cultivé *(cultured)*	ignorant	travailleur
	curieux	insensible	???

▶ Admirez-vous le président des États-Unis et pourquoi?

  Oui, j'admire le président des États-Unis parce qu'il est sérieux, compétent et honnête.

1. Aimez-vous les politiciens et pourquoi?

   _____

2. Que pensez-vous de votre mère?

   _____

3. Quelles sont vos qualités?

   _____

4. Comment faut-il être pour réussir à l'école?

   _____

5. Que pensez-vous des championnes olympiques?

   _____

6. Comment sont les gens qui maltraitent *(mistreat)* les animaux?

   _____

7. Admirez-vous le commandant Cousteau et pourquoi?

   _____

8. Admirez-vous votre grand-mère et pourquoi?

   _____

9. Que pensez-vous des personnes qui détruisent *(destroy)* la nature?

   _____

10. Quel est votre personnage de dessin animé *(cartoon)* favori et pourquoi?

   _____

Writing

REPRISE
A

Nom _____

Avoir et les expressions avec *avoir*

REFERENCE ▶ Appendix A, p. R3

2. J'ai . . . ! Vous allez à la cafétéria de l'école et vous écoutez ce que chacun dit. Complétez les phrases avec une expression avec le verbe **avoir**.

▶ Marc prend deux desserts car *(because)* __il a faim_____.

1. Nous _____ aujourd'hui: il y a de la glace au dessert!

2. Tu _____: elle ne s'appelle pas Sylvie. Je sais qu'elle s'appelle Sylviane.

3. J'_____ de vitamines, alors je mange beaucoup de fruits.

4. Est-ce que vous _____ de vous asseoir à côté d'eux?

5. Nina ne mange pas de fraises. Elle _____ d'avoir une allergie.

6. Pourquoi est-ce que tu ouvres la fenêtre? Tu _____?

7. Ils _____: ils ont joué un match hier soir.

8. Jean-Paul et toi, vous _____: cette viande n'est pas bonne!

9. Je veux du chocolat chaud parce que j'_____.

10. Est-ce que tu _____? J'ai deux jus d'orange.

Aller, être, venir

REFERENCE ▶ Appendix A, p. R3

3. Qu'est-ce qu'ils font? Tout le monde est très occupé *(busy)* pendant la semaine. Dites (ou imaginez) où chaque personne va aller, ce qu'elle est en train de faire et ce qu'elle vient de faire.

QUELQUES VERBES: **acheter / aller / applaudir / choisir / danser / déjeuner / dîner / dormir / étudier / faire / finir / manger / parler / préparer / regarder / voir**

▶ Lundi, à l'école (moi):

À 8 heures: _____ Je vais aller en classe._____

À midi et demi: _____ Je suis en train de manger._____

À une heure: _____ Je viens de finir le déjeuner._____

1. Mardi, à la cafétéria (toi):

À midi: _____

À midi et demi: _____

À une heure: _____

2. Mercredi, au cinéma (Florence):

Avant la séance *(show)*: _____

Pendant la séance: _____

Après la séance: _____

3. Jeudi, chez moi (moi):

À sept heures du soir: _____

À huit heures du soir: _____

À minuit: _____

4. Vendredi, à l'école (Élodie et toi):

Avant les cours: _____

Pendant le cours: _____

Après les cours: _____

5. Samedi, chez notre ami(e) (Olivier et moi):

Avant la boum: _____

Pendant la boum: _____

Après la boum: _____

6. Dimanche matin, chez les Dupont (Marc et Michel Dupont):

À sept heures du matin: _____

À onze heures du matin: _____

À deux heures de l'après-midi: _____

Rappel ◇2◇ Le temps libre

Depuis

4. Depuis quand? Il pleut et vos amis sont chez vous. Vous discutez depuis quand vous pratiquez certaines activités. Formez des phrases en utilisant les suggestions données. Soyez logique!

aimer cette émission *(TV program)* aller au théâtre régulièrement apprendre la planche à voile être ami(e)(s) faire du jogging faire du shopping jouer de la guitare organiser des promenades au parc pratiquer le football

cinq ans deux mois l'été dernier la rentrée le début longtemps trois heures trois mois un an

▶ Sasha _fait du jogging depuis deux mois_____.

1. Serge et Amina _____.

2. Je/J' _____.

3. Estelle _____.

4. Toi et moi, _____.

5. Tu _____.

6. Nicole et toi, _____.

7. Je/J' _____.

8. Nous _____.

Verbes réguliers

REFERENCE ▶ Appendix A, p. R2

5. Samedi C'est samedi. Dites ce que vous ou vos amis faites selon les cas en utilisant deux verbes. (Vous pouvez utiliser un même verbe plusieurs fois.)

aimer	applaudir	attendre	chanter	choisir
discuter	écouter	finir	jouer	organiser
parler (à)	participer (à)	perdre	punir	regarder
rendre visite (à)	répondre (à)	téléphoner (à)	travailler	vendre

▶ Astrid et toi, vous êtes au cinéma.
_____ Nous attendons le début. Nous regardons le film._____

1. Tu es à un concert de rock.

   _____

2. Surya et toi, vous attendez un ami qui est en retard.

   _____

3. Ta soeur a des problèmes avec son chien.

   _____

4. Ton téléphone sonne *(rings)*.

   _____

5. J'ai beaucoup de devoirs.

   _____

6. Catherine et Trinh travaillent dans une croissanterie.

   _____

7. Ton frère et toi, vous apprenez que votre grand-mère est malade.

   _____

8. André et moi, nous jouons au basket.

   _____

 Quelques verbes irréguliers

REFERENCE ▶ Appendix A, p. R2

6. Des projets Qu'est-ce que vous allez faire cet après-midi? Vous discutez avec vos amis pour le savoir. Complétez cette conversation avec les formes correctes des verbes suggérés.

devoir	dormir	partir	pouvoir	sortir	vouloir

PIERRE: Moi, je ne (1)_____ pas dépenser trop d'argent parce que je

(2)_____ acheter des nouvelles baskets.

MICHÈLE: Dans ce cas, nous (3)_____ aller au centre commercial. Il y a trois magasins

de chaussures. Ils (4)_____ avoir des baskets bon marché.

VOUS: Alain, (5)_____-tu demander à ton père de nous prêter *(lend)* sa voiture?

ALAIN: Non, je ne (6)_____ pas parce qu'il (7)_____. Il travaille de

nuit maintenant.

Nom _____

MICHÈLE: Alors nous (8)_____ prendre le bus. C'est ce que je fais quand je

(9)_____ avec Mireille.

VOUS: Vous (10)_____ souvent en bus?

MICHÈLE: Tout le temps! Ses parents ne (11)_____ pas lui prêter leur voiture le

weekend parce qu'ils (12)_____ le samedi. Et le dimanche, ils

(13)_____ jouer au golf tôt le matin.

PIERRE: Vous (14)_____ prendre le bus si vous (15)_____. Moi, je

(16)_____ à vélo.

VOUS: Non! Nous (17)_____ ensemble ou pas du tout.

PIERRE: Tu as raison. Alors, est-ce que nous (18)_____ en bus?

MANUEL: Qui (19)_____ en bus?

VOUS: Nous. C'est ce que nous venons de décider. Tu (20)_____?

MANUEL: C'est vous qui (21)_____: ma voiture est devant la fenêtre! Vous êtes prêts?

Faire et expressions avec faire

REFERENCE Appendix A, p. R3

7. Les loisirs (Leisure time) Aidez-vous des illustrations pour dire ce que les personnes suivantes font ou ne font pas pendant leurs loisirs.

▶ Élise aime les maths.
  Elle fait de l'algèbre.

▶ Marc n'aime pas les maths.
  Il ne fait pas d'algèbre.

1. Benjamin et Maya adorent la montagne. _____

2. Madame Lévêque part en vacances. _____

3. Romane et toi, vous avez besoin de nouveaux vêtements.

   _____

4. Tu n'as pas de bicyclette. _____

5. René et moi, nous perdons facilement l'équilibre *(balance)*.

   _____

6. Je n'ai rien à faire pour le cours de français. _____

7. Martin a besoin de garder la forme *(shape)*. _____

8. Daniel et Marisol ont des raquettes. _____

9. Nous aimons jouer la comédie _____

10. Vous aimez la nature. _____

Nom _____

Rappel ◆3◆ Bon appétit!

 Nourriture et boissons

REFERENCE ▶ Appendix A, p. R11

8. Préférences Qu'aimez-vous boire et manger? Donnez en détail vos préférences personnelles.

▶ Que mettez-vous sur vos toasts?

Je mets du beurre et de la confiture de fraises.

1. Que mettez-vous dans votre sandwich favori?

_____

2. Quel est votre dessert favori?

_____

3. Avec quoi mangez-vous votre hamburger?

_____

4. Que buvez-vous au petit déjeuner?

_____

5. Quel(s) plat(s) pouvez-vous préparer?

_____

6. Que mangez-vous en pique-nique?

_____

7. Quelles sont vos trois boissons favorites?

_____

8. Que détestez-vous manger?

_____

9. Quelle(s) boisson(s) chaude(s) aimez-vous?

_____

10. Que mangez-vous au petit déjeuner?

_____

Nom _____

Les articles définis et partitifs

REFERENCE ⟩ Appendix A, p. R6

9. Le festival international Votre classe de français est au festival international organisé par votre lycée. Dites ce que vous faites en formant des phrases avec les suggestions données. (Attention: utilisez la forme correcte des articles définis.)

acheter	le café au lait
aimer	les croissants
boire	les crêpes aux champignons
choisir	la cuisine chinoise
commander	la cuisine mexicaine
manger	les légumes
préférer	la limonade
vouloir	la quiche au jambon
	les spaghetti
	le steak-frites
	la tarte aux pommes

► Le professeur _veut des crêpes aux champignons_____.

1. Alex et Gabrielle _____.

2. Barbara _____.

3. Benoît _____.

4. Céline et moi, nous _____.

5. Jonathan et toi, vous _____.

6. Vous _____.

7. Nous _____.

8. Umberto et Patrick _____.

9. Tu _____.

10. Moi, je _____.

Nom _____

Prendre et boire

REFERENCE ▶ Appendix C, pp. R26, R28

10. Au restaurant Vous êtes dans un restaurant de la ville du Cap de la Madeleine au Québec. Vous discutez avec le serveur. Il vous dit ce que chaque personne aime. Lisez le menu, puis dites ce que (à votre avis) chacun prend et boit.

LE COUREUR DES BOIS
Cuisine québécoise et française

Entrées

Quiche   Pâté maison   Sardines

Coquille Saint-Jacques   Coeurs d'artichauts   Soupe aux lentilles

Spécialités

Saumon au vinaigre de framboises

Fondue suisse

Boeuf bourguignon

Fruits de mer: homard,
    crevettes, moules et huîtres

Viandes

Côte de boeuf au jus

Caribou aux champignons

Canard à l'orange

Poulet grillé

Steak au poivre

Légumes

Ratatouille

Pommes frites

Salade niçoise

Poutine (Pommes frites et cheddar blanc)

Desserts

Crêpes suzette

Mousse au chocolat

Tarte aux fruits

Glace (vanille/chocolat)

Boissons

Sodas/Limonades   Eaux minérales: Perrier/Évian   Cidre

Café: expresso, au lait   Thé/Thé glacé   Chocolat chaud

▶ Monsieur Franck aime les pommes de terre et les boissons chaudes.

   Il prend des pommes frites et il boit un café.

   _____

1. Monsieur et Madame César aiment le poisson et les boissons gazeuses *(sparkling)*.

   _____

2. Mes amis et moi, nous aimons un plat varié et une boisson américaine.

   _____

3. Ces trois personnes aiment les légumes et les boissons naturelles.

   _____

4. Tu aimes les spécialités et les boissons européennes.

   _____

5. J'aime les plats canadiens et les boissons légères.

   _____

6. Tes amis et toi, vous aimez les entrées et les boissons au citron.

   _____

7. J'aime les plats légers et les boissons chaudes.

   _____

8. Les enfants de Monsieur Serin aiment les desserts et les boissons sucrés.

   _____

Reprise B *Hier et avant* ....

Rappel ◆4◆ Le weekend
....

Le passé composé des verbes réguliers avec *avoir*   **REFERENCE** Appendix A, p. R4

1. Oui ou non? Vous avez passé le weekend à Montréal avec un groupe d'amis. Vous répondez à vos camarades de classe qui demandent ce que vous avez fait.

▶ le guide / organiser des promenades?
Oui, ___il a organisé des promenades_____.
Non, ___il n'a pas organisé de promenades_____.

1. Ludovic / applaudir le guide?

   Non, _____.

2. Renaud et toi / rendre visite à vos correspondants?

   Non, _____.

3. Sabine et sa soeur / visiter l'exposition au biodôme?

   Oui, _____.

4. Laure / choisir des souvenirs?

   Oui, _____.

5. vous / jouer au hockey?

   Non, _____.

6. Philippe et toi / attendre longtemps à l'aéroport?

   Non, _____.

7. Christophe et moi / téléphoner au bon moment?

   Oui, _____.

8. toi / réussir à parler français?

   Oui, _____.

Nom _____

 Les participes passés irréguliers

REFERENCE Appendix A, p. R4

2. Ce weekend Vous voulez faire une enquête *(survey)* au lycée pour savoir ce que les élèves ont fait ce weekend. Avec les verbes donnés, formulez des questions que vous allez poser aux élèves.

▶ (lire) _Est-ce que vous avez lu un livre?_____

1. (avoir) _____

2. (boire) _____

3. (être) _____

4. (faire) _____

5. (mettre) _____

6. (prendre) _____

7. (dormir) _____

8. (voir) _____

9. (apprendre) _____

10. (promettre de) _____

Il y a

3. Une visite Ce weekend, des parents que vous n'avez pas vus depuis longtemps vous ont rendu visite. Ils vous ont dit il y a combien de temps qu'ils ont fait les choses suivantes. Formez des phrases en utilisant les suggestions des trois colonnes. Soyez logique!

acheter	un film	deux jours
arrêter	ce musée	deux mois
avoir	du camping	dix ans
être	l'école	plusieurs jours
faire	l'invitation de ta mère	quatre ans
finir	malade	quinze jours
répondre (à)	sa moto	trois jours
vendre	son travail	trois mois
visiter	une promotion	un an
voir	une voiture neuve	une semaine

▶ Ta tante _a arrêté son travail il y a quatre ans_____

1. Moi, _____.

2. Ta tante et moi, _____.

3. Tes cousines _____.

4. Nous _____.

5. Moi, _____.

6. Jason _____.

7. Ton cousin _____.

8. Ta tante _____.

9. Édouard _____.

Nom _____

Rappel 5 En vacances

 Passé composé des verbes avec être REFERENCE ▶ Appendix A, p. R4

4. Les vacances Jacques parle à ses amis de ses vacances dans les Alpes. Dites ce qui s'est passé en complétant les phrases avec les verbes appropriés. (Attention à l'accord des participes passés.)

> aller / arriver / descendre / devenir / monter / partir /
> parvenir *(to succeed)* / rentrer / rester / tomber / venir

Il y a un an, je (1)_____ faire de l'escalade dans le Jura. Je (2)_____
avec un groupe d'étudiants. Le premier jour, nous (3)_____ au pied du rocher et
Mlle Armand, notre guide, (4)_____ au sommet sans problèmes. Elle
(5)_____ tout de suite pour nous expliquer comment faire. Je (6)_____
à escalader le rocher, mais avec beaucoup de difficultés. Mon copain Bruno, lui,
(7)_____ et il (8)_____ à l'hôtel le soir avec un pied enflé *(swollen)*.
Deux infirmières (9)_____ le voir; son état *(condition)* n'était pas grave. Après,
il (10)_____ à l'hôtel tous les jours. Résultat: les autres étudiants et moi, nous
(11)_____ des experts en alpinisme et Bruno, un expert au jeu d'échecs *(chess)*!

Rappel 6 Qu'est-ce qui se passe?

L'imparfait REFERENCE ▶ Appendix A, p. R5

5. Quand j'avais dix ans . . . Une amie vous demande ce que vous faisiez quand vous aviez dix ans. Écrivez ses questions et répondez *négativement*. Puis donnez une réponse avec le verbe suggéré et une expression de votre choix.

▶ toi / aller à l'école en voiture? (prendre)

VOTRE AMIE: *Est-ce que tu allais à l'école en voiture?*

VOUS: *Non, je n'allais pas à l'école en voiture. Je prenais le bus.*

1. toi / boire du café? (préférer)

VOTRE AMIE: _____

VOUS: _____

2. ton frère et toi / faire du tennis? (jouer)

VOTRE AMIE: _____

VOUS: _____

3. ta mère / être vendeuse? (travailler)

VOTRE AMIE: _____

VOUS: _____

4. toi / rentrer de l'école à cinq heures? (revenir)

VOTRE AMIE: _____

VOUS: _____

5. tes amis / réussir bien à l'école? (avoir)

VOTRE AMIE: _____

VOUS: _____

6. toi / regarder la télé en rentrant de l'école? (finir)

VOTRE AMIE: _____

VOUS: _____

Les vêtements

REFERENCE ➤ Appendix A, p. R13

6. Des conseils Vous travaillez dans un magasin de vêtements et vos amis viennent vous demander conseil. Recommandez-leur au moins trois articles différents pour chacun.

chemise	robe	chapeau
chemisier	short	chaussettes
costume	survêtement	cravate
jean	sweat-shirt	lunettes de soleil
jupe	tailleur	
maillot de bain	blouson	baskets
pantalon	imperméable	bottes
polo	manteau	sandales
pull	casquette	tennis

▶ CÉDRIC: Je vais voir un match de foot ce soir.

VOUS: _Mets un blouson, un sweat-shirt et des baskets._

1. ALICE: Je dois aller à un entretien d'embauche *(job interview)*.

VOUS: _____

2. STÉPHANIE: Je vais aller à la plage.

VOUS: _____

3. LUCIEN: Je vais jouer au golf avec mon grand-père.

VOUS: _____

4. THIERRY: Je vais au mariage de mon cousin.

VOUS: _____

5. LEILA: Je vais travailler au zoo samedi.

VOUS: _____

6. SONIA: Je vais en Martinique demain.

VOUS: _____

7. THOMAS: Je vais faire du jogging demain matin.

VOUS: _____

8. NATHALIE: Je pars pour Londres ce soir.

VOUS: _____

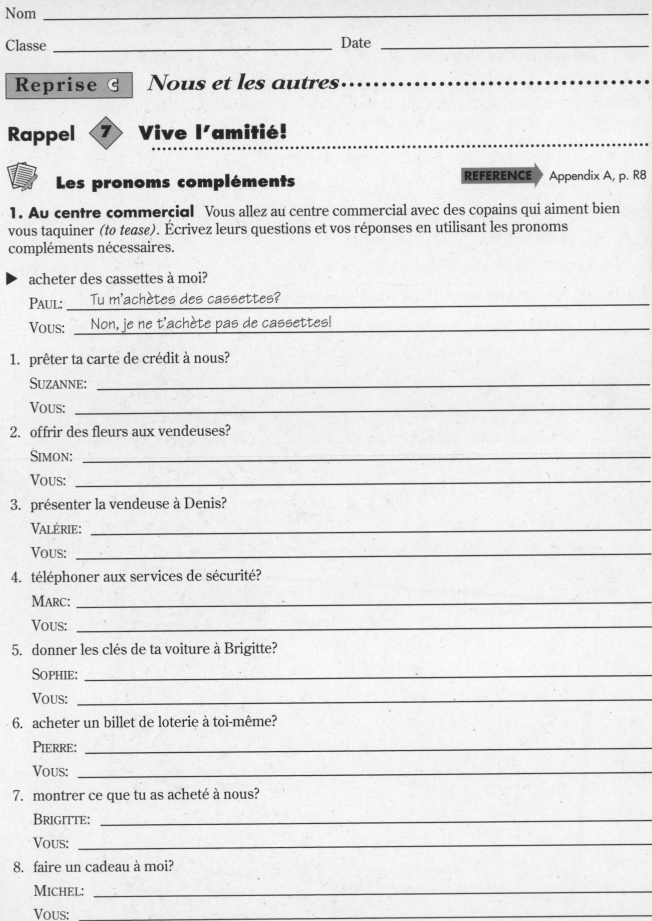

| Reprise C | *Nous et les autres* .... |

Rappel 7 **Vive l'amitié!**

Les pronoms compléments REFERENCE Appendix A, p. R8

1. Au centre commercial Vous allez au centre commercial avec des copains qui aiment bien vous taquiner *(to tease)*. Écrivez leurs questions et vos réponses en utilisant les pronoms compléments nécessaires.

▶ acheter des cassettes à moi?

PAUL: _Tu m'achètes des cassettes?_

VOUS: _Non, je ne t'achète pas de cassettes!_

1. prêter ta carte de crédit à nous?

SUZANNE: _____

VOUS: _____

2. offrir des fleurs aux vendeuses?

SIMON: _____

VOUS: _____

3. présenter la vendeuse à Denis?

VALÉRIE: _____

VOUS: _____

4. téléphoner aux services de sécurité?

MARC: _____

VOUS: _____

5. donner les clés de ta voiture à Brigitte?

SOPHIE: _____

VOUS: _____

6. acheter un billet de loterie à toi-même?

PIERRE: _____

VOUS: _____

7. montrer ce que tu as acheté à nous?

BRIGITTE: _____

VOUS: _____

8. faire un cadeau à moi?

MICHEL: _____

VOUS: _____

Connaître et savoir

REFERENCE ▶ Appendix A, p. R8

2. Trois-Rivières En vacances au Québec, vous décidez avec vos amis de louer *(to rent)* une voiture et d'aller visiter la ville de Trois-Rivières. Malheureusement, vous vous êtes perdus! Complétez le dialogue avec les formes appropriées des verbes **connaître** et **savoir.**

JACQUES: (1)_____-tu où nous sommes?

VOUS: Non, je ne (2)_____ pas du tout cette ville.

JOSÉPHINE: Moi, je (3)_____ qu'il faut suivre la route numéro 40 pour aller à

Trois-Rivières.

VOUS: Demandons à quelqu'un. Tiens, voici un homme. Il (4)_____ peut-être

la route. Monsieur? Excusez-moi, monsieur, nous ne (5)_____ pas du

tout cette région et nous sommes perdus. (6)_____-vous où est

Trois-Rivières?

MONSIEUR: (7)_____-vous la route numéro 40? Eh bien, prenez-la!

VOUS: Oui, nous (8)_____ cela, mais comment trouver cette route?

MONSIEUR: C'est très simple: allez au centre-ville et lisez les panneaux *(signs)*. Au revoir!

JOSÉPHINE: Tu (9)_____, ce n'était pas la peine de demander.

VOUS: Oui, vraiment, cet homme n'en (10)_____ pas plus que nous!

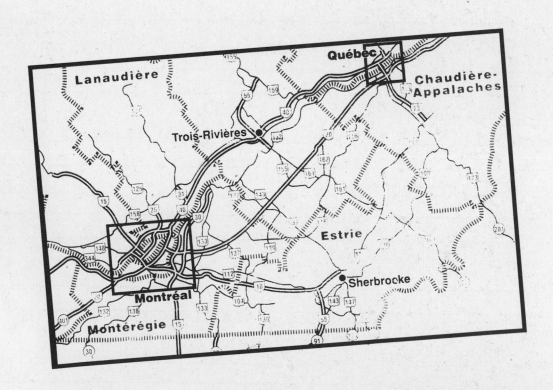

Rappel ◆8 Un garçon timide

Les compléments d'objets directs et indirects

REFERENCE ▶ Appendix A, p. R8

3. Êtes-vous timide? Êtes-vous timide ou avez-vous beaucoup d'assurance *(confidence)*? Répondez aux questions pour le savoir. (Attention: utilisez des pronoms compléments d'objets appropriés.)

▶ Invitez-vous vos copains chez vous?

 Oui, je les invite chez moi. _____

 (Non, je ne les invite pas chez moi.) _____

1. Organisez-vous les sorties *(outings)* de votre groupe d'amis?

 _____

2. Parlez-vous à vos professeurs après les cours?

 _____

3. Téléphonez-vous souvent à votre meilleur(e) ami(e)?

 _____

4. Connaissez-vous tous les nouveaux élèves de votre classe?

 _____

5. Écrivez-vous aux célébrités que vous admirez?

 _____

6. Rendez-vous visite aux malades de l'hôpital?

 _____

7. Voyez-vous votre conseiller *(counselor)* scolaire souvent?

 _____

8. Achetez-vous un cadeau à votre ami(e) pour son anniversaire?

 _____

9. Prêtez-vous votre bicyclette à votre copain (qui ne rend jamais rien!)?

 _____

> ➤ RÉSULTATS: Si vous avez une majorité de réponses négatives, vous êtes assez timide. Une majorité de réponses positives indique que vous avez confiance en vous.

Writing

REPRISE C

Voir et écrire

REFERENCE Appendix A, pp. R26, R30

4. Une lettre Vous avez décidé d'écrire une lettre à la chaîne de télévision pour vous plaindre *(to complain)* d'un programme que vous trouvez extrêmement violent. Complétez les phrases avec les formes correctes des verbes **voir** et **écrire.**

Monsieur le directeur de la programmation,

Je vous (1)_____ parce que nous (2)_____ de plus en plus de violence à la télévision. Beaucoup d'enfants (3)_____ votre programme «Action brute» et pensent qu'il montre la réalité. Je suis sûr(e) que leurs parents vous (4)_____ comme moi aujourd'hui. La violence est un problème sérieux, mais je (5)_____ que vous ne pensez pas la même chose. Qui est responsable de ce programme? Qui (6)_____ les scénarios? Quand mon père (7)_____ qu'il est l'heure d'«Action brute», il change de chaîne. Depuis un an, mes amis et moi, nous (8)_____ à toutes les chaînes qui montrent trop de violence. Si vous nous (9)_____ une réponse, cela montrera que l'opinion du public est importante pour vous. Parce que, vous (10)_____, sans public, il n'y a pas de télévision possible!

Sincèrement,

_____

UNITÉ 1   *Au jour le jour* ·······························

PARTIE 1

A. L'usage de l'article avec les parties du corps

A 1. Les profs de photo   Vous allez vous inscrire *(enroll)* à un cours de photographie. Il y a deux professeurs, M. Ledoux et M. Ledur. Décrivez-les en détail à votre ami(e) pour qu'il/elle vous aide à décider quel professeur choisir. (Attention: employez les articles définis appropriés.)

1. M. Ledoux a _____

   _____

   _____

2. M. Ledur a _____

   _____

   _____

   _____

Pratique   **Usages de l'article défini**

Un ami curieux   C'est la première fois que votre ami québécois vient chez vous aux États-Unis. Répondez à ses questions par des phrases complètes et personnelles.

▶ Quel sport pratiques-tu?

     Je pratique le tennis.

1. Quelle est la couleur de tes yeux?

   _____

2. Comment sont tes cheveux?

   _____

3. Que portes-tu souvent aux pieds?

_____

4. Où met-on un bandana?

_____

5. Quelles sont tes matières préférées à l'école?

_____

6. Quel(s) jour(s) ne vas-tu pas à l'école?

_____

7. Quel(s) jour(s) vas-tu au cinéma?

_____

8. Qui gouverne l'état où tu habites?

_____

9. Combien coûte l'essence aux États-Unis?

_____

10. Quels pays étrangers désires-tu visiter?

_____

A. Les verbes réfléchis

A **1. Toujours des excuses!** Lisez les excuses de votre soeur et écrivez les ordres que vous lui avez donnés. Soyez logique!

▶ _Peigne-toi les cheveux_ !

Je n'ai pas de peigne.

1. _____ !

Je n'ai pas de brosse à dents.

2. _____ !

Je n'ai pas de shampooing.

3. _____ !

Je n'ai pas d'eye-liner.

4. _____ !

Je n'ai pas de séchoir.

5. _____ !

Je n'ai pas de ciseaux.

6. _____ !

Je n'ai pas de serviette.

7. _____ !

Je n'ai pas de miroir.

8. _____ !

Je n'ai pas de savon.

9. _____ !

Je n'ai pas de parfum.

10. _____ !

Je n'ai pas de déodorant.

Nom _____

A **2. Sous la tente** Vos amis et vous campez dans un pré. Dites ce que chacun de vous a ou n'a pas dans sa trousse de toilette et, en conséquence, fait ou ne fait pas. Soyez logique!

brosse à cheveux (oui)	miroir (oui)
ciseaux (non)	rasoir mécanique (oui)
eau de toilette (oui)	savon (non)
fard à paupières (non)	séchoir (non)
gant de toilette (non)	serviette (oui)

▶ Tu _____ n'as pas de savon. Tu ne te laves pas les mains.

▶ Tu _____ as une serviette. Tu t'essuies les mains.

1. Nous _____

2. Lucie _____

3. Henri et Paul _____

4. Je _____

5. Marina et Amélie _____

6. Vous _____

7. Tu _____

8. Lili et moi, nous _____

Pratique **Le présent des verbes: comme** ***préférer, se sécher;*** **comme** ***payer, s'essuyer*** | REFERENCE ⟶ Appendix C, pp. R20, R21

À la parfumerie Vos amis et vous êtes à l'aéroport Charles de Gaulle à Paris. En attendant votre vol *(flight)* de retour vers les USA, vous allez tous à la parfumerie hors-taxe *(duty-free)*. Complétez les phrases avec les verbes appropriés.

employer	exagérer	célébrer	nettoyer	payer
préférer	répéter	s'ennuyer	s'essuyer	se sécher

1. Est-ce que tu _____ ton visage avec du savon ou de la crème?

2. Tu _____ le nom de ton après-rasage favori au vendeur.

3. J'_____ toujours ce type de dentifrice.

4. La vendeuse _____ car nous ne choisissons pas assez rapidement.

5. Nous _____ l'anniversaire de notre soeur demain. Quelle eau de toilette nous recommandez-vous?

6. Ingrid et Aïcha _____ le vernis à ongles rose.

7. Tu _____: ce parfum coûte beaucoup trop cher!

8. Anna _____ la bouche pour enlever *(to remove)* son rouge à lèvres.

9. Vous ne _____ jamais les cheveux au séchoir.

10. Nous _____ nos achats en francs.

Writing

UNITÉ
1

Pratique *Moi-même, toi-même, etc.*

Les responsabilités Vous êtes étudiant(e) à l'université et vous avez beaucoup plus de responsabilités. Exprimez ce que vos camarades et vous faites vous-mêmes.

▶ vous / gérer *(to manage)* un compte bancaire

   Vous gérez un compte bancaire vous-même.

1. mon copain et moi / faire la lessive *(laundry)*

   _____

2. je / se réveiller à l'heure

   _____

3. Jérôme / payer la note du téléphone

   _____

4. Maria et toi / nettoyer le studio

   _____

5. Éric / se préparer à manger

   _____

6. je / laver la vaisselle

   _____

7. toi / se couper les cheveux

   _____

8. vous / employer la télécopieuse

   _____

9. nous / se faire de l'argent de poche

   _____

10. Élise et Stéphanie / réparer la voiture

   _____

Nom _____

PARTIE 2

Pratique **Verbes comme *acheter, se lever,*** **se promener**

REFERENCE ▶ Appendix C, p. R20

La routine du weekend Dites ce que les membres de votre famille font chaque weekend.
Utilisez les suggestions données et une expression de votre choix.

▶ mon frère / se promener   *Le weekend, mon frère se promène avec sa fiancée en ville.*

1. grand-père / se lever

   _____

2. je / s'acheter

   _____

3. mes cousines / se promener

   _____

4. tu / emmener *(to take along)*

   _____

5. vous / promener

   _____

6. Richard / acheter

   _____

7. nous / amener

   _____

8. vous / mener

   _____

A. Le passé composé des verbes réfléchis

A 1. Aux objets trouvés Vous êtes au bureau des objets trouvés *(lost and found)* du musée du
Louvre à Paris. Vous expliquez comment vous avez perdu votre appareil-photo après votre visite du
musée. (Attention à l'accord du participe passé!)

Ma soeur et moi, nous <u>nous sommes rendu(e)s</u> au Louvre à 11 heures. Nous (1) _____
                              (se rendre)   (se promener)

dans les galeries. Après la visite, je (2) _____ dans le jardin pour faire des photos.
                                               (s'arrêter)

Ma soeur, elle, (3) _____ sur un banc. Je (4) _____ des cartes
                        (se reposer)   (s'acheter)

postales. Pendant ce temps, ma soeur (5) _____. Je (6) _____
                                             (s'endormir)   (se dépêcher)

de la réveiller. Elle (7) _____ puis nous sommes parti(e)s. Je pense que j'ai
                           (se lever)

oublié mon appareil-photo chez le vendeur de cartes postales. Vous a-t-il donné mon appareil?

Writing

UNITÉ
1

Nom _____

A. L'usage idiomatique des verbes réfléchis

A **1. Actions et réactions** Aidez-vous des illustrations pour exprimer la réaction des personnes.

▶

Tu ___te tais_____.

1.

Elle _____.

2.

Tu _____.

3.

Ils _____.

4.

Vous _____.

5.

Je _____.

6.

Les parents _____.

7.

Le chien _____.

8.

Vous _____.

9.

Tu _____.

10.

Nous _____.

Nom _____

Pratique Le présent des verbes: s'appeler, se rappeler; comme appeler

REFERENCE ▶ Appendix C, p. R20

À la réception Vous désirez travailler aux éditions *(publishing house)* «Coeur de Lion». En attendant votre entretien avec le chef du personnel, vous observez ce qui se passe à la réception. Exprimez chaque action en utilisant les suggestions et les verbes donnés. (Attention: un même verbe peut être utilisé plusieurs fois.)

appeler
ficeler *(to tie)*
rappeler
rejeter
s'appeler
se rappeler

le manuscrit
Adèle Dubouquin
ces vieux livres
cette campagne publicitaire
le dépanneur *(repair technician)*
les paquets nous-mêmes
Alex Martin et Rémi Pétrin
mes conseils
Stephen King tout de suite
???

▶ Le représentant demande le nom de la réceptionniste. Elle dit:

Je ___m'appelle Adèle Dubouquin._____.

1. Vous vous approchez de la secrétaire du chef du personnel. Vous dites:

   Je _____.

2. Le rédacteur *(editor)* s'inquiète et veut parler de nouveau *(again)* à cet auteur.

   La réceptionniste _____.

3. Ces deux rédacteurs parlent du manuscrit de Charles Lucas.

   Ils _____.

4. Les directeurs du marketing s'arrêtent à la réception. Ils demandent:

   Est-ce que vous _____?

5. Deux employés s'occupent du courrier *(mail)*. Ils disent:

   Nous _____.

6. Vous voyez votre ami qui travaille dans cette maison. Il vous dit:

   Est-ce que tu _____?

7. La réceptionniste s'énerve car la photocopieuse ne fonctionne pas.

   Elle _____.

8. Deux agents littéraires entrent. Ils disent:

   Nous _____.

9. La secrétaire donne du travail à son assistant. Elle dit:

   Tu _____.

Writing

UNITÉ 1

Nom _____

Communication

A. Tous en forme! Vous vous présentez pour vous inscrire *(enroll)* au Club Christophe Bardot. Répondez à ce questionnaire pour déterminer vos préférences et votre forme physique.

CLUB CHRISTOPHE BARDOT
68, rue des Tornades - 75000 Paris
Tél. 01.45.55.55.55   Métro CHEVALERET

MUSCULATION PERSONNALISÉE
adaptée pour débutants

Bodybuilding

Stretching

Jazzercise

Danse Jazz

Conseils diététiques et sportifs

TARIF - CARTE JEUNE

••••••••••• **CLUB CHRISTOPHE BARDOT** •••••••••••
Formulaire d'inscription

Nom: _____   **Prénom:** _____

Âge: 10–15 ans ❑   15–18 ans ❑   18 ans et + ❑
Taille: grande ❑   moyenne ❑   petite ❑
Poids: au-dessus de la normale ❑   normal ❑   en dessous de la normale ❑
Forme physique: excellente ❑   très bonne ❑   bonne ❑
moyenne ❑   mauvaise ❑

Êtes-vous souvent

soucieux(-se)?   oui ❑   non ❑   malade?   oui ❑   non ❑
énervé(e)?   oui ❑   non ❑   tendu(e)?   oui ❑   non ❑
fatigué(e)?   oui ❑   non ❑   triste?   oui ❑   non ❑

Qu'est-ce qui vous intéresse?

Danse ❑   Fitness ❑   Bodybuilding ❑   Stretching ❑
Jazzercise ❑   Danse Jazz ❑   Aérobic ❑   Step ❑

Combien d'heures de sport faites-vous par semaine?

moins d'1 heure ❑   moins de 3 heures ❑   plus de 3 heures ❑

Pouvez-vous nous donner les raisons pour lesquelles vous désirez devenir membre de notre club?

_____
_____
_____
_____
_____

B. Une dispute Vous vous êtes disputé(e) avec votre ami(e). Aujourd'hui, vous décidez de lui écrire une petite lettre pour vous réconcilier.

Make sure you tell your friend:

• you got mad and you are feeling sad.

• you know you get upset too easily when you are tired.

• you made a mistake.

• you are worried about this situation.

• you apologize.

Nom _____

Classe _____ Date _____

PARTIE **1**

A **1. Tous au travail!** Aujourd'hui, les membres de votre club «Jeunes à l'Action» vont nettoyer la maison d'un couple de personnes âgées. Dites ce qu'il faut que chacun accomplisse.

▶ 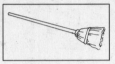 (Stéphane) _Il faut que Stéphane balaie le sol._

1.  (vous) _____

2.  (Marthe et Todd) _____

3.  (je) _____

4. 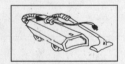 (nous) _____

5.  (toi) _____

6. (Myoko) _____

7.  (nous) _____

8.  (je) _____

9.  (Florent et Romain) _____

10. 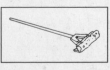 (vous) _____

Nom _____

Pratique *Dire, lire, écrire*

REFERENCE Appendix C, p. R26

Au pair Vous allez bientôt partir travailler au pair *(live-in babysitter)* en Suisse. Comment votre famille vous aide-t-elle à vous préparer? Formez des phrases avec les verbes **dire (à), lire, écrire (à)** et les suggestions données. Soyez logique!

tu vas faire le ménage?	des journaux suisses
la famille d'accueil *(host)*	la météo européenne
les amis de m'écrire	les adresses dans mon agenda
le consulat	combien coûte le franc suisse
au revoir à tout le monde	où je vais à mes amis

1. Mon frère _____.

2. Maman _____.

3. Je/J' _____.

4. Nous _____.

5. Tu _____.

6. Mes parents _____.

7. Vous _____.

8. Je/J' _____.

9. Papa _____.

10. Je/J' _____.

A/B 2. Trop de travail! Vous avez promis de préparer à dîner à vos parents pour leur anniversaire. Complétez les phrases avec la forme appropriée des verbes qui conviennent *(fit)*. Soyez logique!

J'ai beaucoup de travail à faire. Pour commencer, je vais faire le ménage car la maison est en désordre. Il faut d'abord que je (1)_____ le salon et que je (2)_____ l'aspirateur. Ensuite, je dois (3)_____ le repas. Pour l'entrée, je dois (4)_____ les légumes puis je dois les (5)_____ avant de les cuire *(to cook)*. Après, il faut que je (6)_____ la table. Il faut aussi que je (7)_____ la carafe *(pitcher)* d'eau et il faut que je (8)_____ le pain en morceaux pour la fondue au fromage. En plus, il faut que je (9)_____ les ordures de la cuisine et que je (10)_____ le chien avant le retour de mes parents. L'année prochaine, je les inviterai au restaurant!

28 UNITÉ 2 ■ Partie 1

Nom _____

B **3. Travail domestique** Nettoyer et ranger la maison demande beaucoup de travail. Dites ce qu'il faut faire en général pour que tout soit propre.

▶ Pour avoir des vêtements propres, _il faut laver le linge_____.

1. Pour éliminer la poussière, _____.

2. Pour avoir une chambre en ordre, _____.

3. Pour avoir beaucoup de fleurs, _____.

4. Pour avoir un chat content, _____.

5. Pour avoir un tapis propre, _____.

6. Pour avoir une belle pelouse, _____.

7. Pour avoir du linge sans plis *(wrinkles),* _____.

8. Le matin, _____.

B **4. Baby-sitting** Vous faites du baby-sitting et le petit garçon vous propose son aide. Dites-lui ce qu'il faut ou ne faut pas faire.

▶ Ouvrir la cage de l'oiseau? (non)
   Non, il ne faut pas que tu ouvres la cage de l'oiseau.

1. Débarrasser la table après le dîner? (oui)

   _____

2. Ranger la vaisselle sale? (non)

   _____

3. Aider à faire le ménage? (oui)

   _____

4. Vider la corbeille? (oui)

   _____

5. Mettre mes jouets *(toys)* dans l'aquarium? (non)

   _____

6. Donner à manger au chat? (oui)

   _____

7. Repasser ma chemise moi-même? (non)

   _____

Nom _____

B/C **5. Conseils** Aimez-vous donner des conseils? Complétez les mini-dialogues avec les suggestions appropriées.

acheter leur CD	commencer par des plats simples
appeler les renseignements *(information)*	payer le garagiste
apprendre à nager	prendre des vitamines
boire beaucoup d'eau	venir
célébrer l'événement	voir ce film
changer les piles *(batteries)*	

▶ NICOLE: Véronique veut apprendre à cuisiner.

   VOUS: _Il faut qu'elle commence par des plats simples._

1. HÉLÈNE: C'est le vingt-cinquième anniversaire de mariage de mes parents.

   VOUS: _____

2. JEAN: Mario et toi, vous êtes restés trop longtemps au soleil.

   VOUS: _____

3. DAVY: Il paraît que le groupe de rock «Les Charts» est super.

   VOUS: _____

4. RACHEL: Maurice et moi, nous voulons être en forme pour les vacances.

   VOUS: _____

5. DIANE: Ce film est vraiment formidable.

   VOUS: _____

6. ANDRÉ: Sophie ne sait pas nager.

   VOUS: _____

7. BORIS: Ton frère et toi, vous avez fait réparer votre voiture.

   VOUS: _____

8. AUDREY: Nous ne connaissons pas son numéro de téléphone.

   VOUS: _____

9. YVES: Je ne sais pas si je vais aller à cette boum.

   VOUS: _____

10. SANDRINE: Ton baladeur ne fonctionne pas bien.

   VOUS: _____

Nom _____

PARTIE 2

A **1. Les volontaires** Votre classe est volontaire pour participer à un programme d'aide à la communauté. Le directeur du programme explique ce qu'il faut que vous fassiez.

▶ Le club des petits a besoin d'un animateur *(organizer)* samedi. (toi / aller)

    Il faut que tu ailles au club des petits samedi.

1. Les volontaires sont nécessaires pour aider la communauté. (nous / avoir)

    _____

2. Nous avons besoin d'une personne au bureau. (toi / être)

    _____

3. Les sans-abri *(homeless)* ont besoin de sandwichs. (Pierre / faire)

    _____

4. La mairie *(city hall)* m'a appellé. (moi / aller)

    _____

5. La maison des Leloup a besoin de réparations. (François et Nicolas / faire)

    _____

6. J'ai besoin d'une personne pour répondre au téléphone. (Louis / être là)

    _____

7. Nous avons besoin de l'argent de la collecte. (toi / avoir)

    _____

8. Nous avons besoin de vous pour aider les autres. (vous / être là)

    _____

B **2. C'est important** Qu'est-ce qui est important pour vous? Complétez les phrases avec les suggestions données ou vos opinions personnelles.

aider mes ami(e)s	faire du sport
aller à l'université	ne pas faire d'erreurs
avoir des copains sympas	ne pas regretter mes actions
avoir le temps de me relaxer	parler français
avoir un bon métier	rendre service
choisir une bonne carrière	sortir beaucoup
être libre	???

1. Il est essentiel que _____.

2. Il est indispensable que _____.

3. Il est important que _____.

4. Il est utile que _____.

5. Il vaut mieux que _____.

6. Il est bon que _____.

7. Il est normal que _____.

8. Il est dommage que _____.

Nom _____

C **3. À la maison** Vos parents vont partir pour quatre jours aider un parent malade. Pendant ce temps, vous allez rester seul(e) avec votre soeur. Vous demandez à votre mère ce qu'elle veut ou ne veut pas que vous fassiez.

▶ toi / sortir tous les soirs

VOUS: _____Veux-tu que je sorte tous les soirs?_____

VOTRE MÈRE: Non, ____je ne veux pas que tu sortes tous les soirs._____

1. toi / regarder la télévision toute la nuit

VOUS: _____

VOTRE MÈRE: Non, _____

2. ta soeur et toi / nettoyer la maison

VOUS: _____

VOTRE MÈRE: Oui, _____

3. ta soeur et toi / manger à McDonald's

VOUS: _____

VOTRE MÈRE: Non, _____

4. tes amis / venir dimanche

VOUS: _____

VOTRE MÈRE: Non, _____

5. toi / aller au supermarché

VOUS: _____

VOTRE MÈRE: Oui, _____

6. ta soeur et toi / prendre la voiture

VOUS: _____

VOTRE MÈRE: Non, _____

C **4. Après la boum** La boum est terminée et vous demandez à vos amis de vous donner un coup de main à débarrasser *(clean up)*. Lisez les excuses de chacun et dites ce que vous leur avez demandé en utilisant les suggestions données. Soyez logique!

aimer **demander** **désirer** **exiger** **insister** **préférer** **souhaiter** **vouloir**	**laver les verres** **vider les poubelles** **donner un coup de main** **balayer le sol** **faire la vaisselle** **ranger les CD** **essuyer la table** **passer l'aspirateur** **ranger le salon**

▶ VOUS: _____J'exige que tu laves les verres._____

NADINE: Je voudrais bien, mais je suis très maladroite *(clumsy)*.

1. VOUS: _____

   MAURICE: J'aimerais bien, mais je suis allergique aux détergents.

2. VOUS: _____

   ANNA: Je regrette, mais je ne peux pas manipuler les choses lourdes.

3. VOUS: _____

   PIERRE ET PAUL: Nous sommes désolés, mais nous devons partir.

4. VOUS: _____

   SUZIE: Je regrette, mais ce n'est pas moi qui ai fait ce désordre.

5. VOUS: _____

   MARTIN: Je voudrais bien, mais je n'ai pas d'éponge.

6. VOUS: _____

   CLAIRE ET CLAUDE: Nous avons d'autres choses à faire.

7. VOUS: _____

   GILLES: J'aimerais bien, mais la poussière me fait tousser *(to cough)*.

8. VOUS: _____

   SARAH: Je voudrais bien, mais je ne sais pas où les mettre.

Pratique Comment décrire un objet

De toutes les formes Décrivez chaque objet illustré en donnant un ou plusieurs adjectifs pour chaque catégorie. (Attention à la forme des adjectifs!)

		Forme	Dimension	Apparence
1.				
2.				
3.				
4.				
5.				
6.				
7.				
8.				

Nom _____

A. Un visiteur Votre correspondant du Sénégal va venir vous voir cet été. Expliquez-lui ce qu'il doit ou ne doit pas prendre et ce que vous espérez faire ensemble.

Tell him that:

- he must not forget his passport.

- it's too bad he won't stay longer.

- where you would like to go with him.

- which monuments you would like him to see.

- where you have to go shopping and what souvenirs he must buy.

- what activities you would like to do with him.

- it is not necessary to take a lot of money.

B. L'art moderne Pendant votre séjour à Paris, vous visitez le musée des Arts africains. Écrivez une lettre à votre meilleur(e) ami(e) où vous décrivez en détail les objets que vous avez préférés. Dites aussi pourquoi vous aimez ces objets d'art.

Paris, le _____

Chère / Cher _____,

Sais-tu que le musée des arts africains à Paris est super? De tous les objets que j'ai vus, je préfère

_____

_____

_____

_____

_____

_____

_____

_____

Nom _____

Classe _____ Date _____

UNITÉ 3 — *Vive la nature!* ....

PARTIE 1

A **1. Au parc national** L'été dernier, vous avez passé des vacances en famille au parc national Forillon en Gaspésie, une région de Québec. Aidez-vous du plan pour dire ce que vous avez fait aux lieux mentionnés. (Attention: personne n'a fait la même chose!)

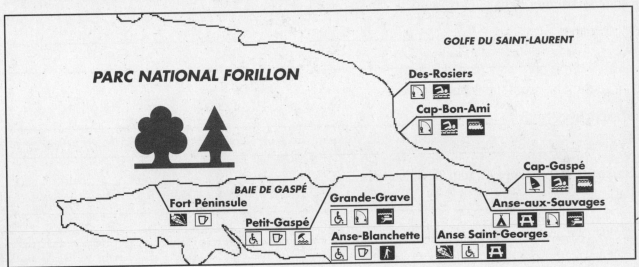

▶ toi / au Cap-Bon–Ami

    <u>J'ai fait une promenade en bateau.</u>

1. tes parents / à Grande-Grave

    _____

2. ta soeur / à Anse-Blanchette

    _____

3. toi / à l'Anse-aux-Sauvages

    _____

4. ton frère / au Cap-Gaspé

    _____

5. ta famille et toi / à Fort Péninsule

    _____

6. ta mère / à Des-Rosiers

    _____

7. ta soeur et toi / au Petit-Gaspé

    _____

8. tes cousines / à l'Anse Saint-Georges

    _____

Nom _____

A **2. La Californie en toute sécurité** Dorothée, votre amie française, veut visiter la Californie, mais elle a peur des accidents. Au téléphone, elle vous demande ce que vous ou d'autres personnes avez déjà fait dans la région. Pour la rassurer, vous lui dites quels accidents ne sont jamais arrivés. Écrivez ses questions et vos réponses. Soyez logique!

▶ toi / observer des animaux sauvages *(wild)*

DOROTHÉE: _Est-ce que tu as déjà observé des animaux sauvages?_

VOUS: _Oui, mais je n'ai jamais été attaqué(e) par un ours._

1. toi / se baigner dans le Pacifique

DOROTHÉE: _____

VOUS: _____

2. ta soeur / se promener dans le désert

DOROTHÉE: _____

VOUS: _____

3. ta soeur et toi / faire un tour dans les bois

DOROTHÉE: _____

VOUS: _____

4. tes copines / se bronzer sur les plages de Los Angeles

DOROTHÉE: _____

VOUS: _____

5. ta mère / faire de l'escalade

DOROTHÉE: _____

VOUS: _____

6. ton frère et toi / faire une promenade en bateau

DOROTHÉE: _____

VOUS: _____

7. toi / faire du camping

DOROTHÉE: _____

VOUS: _____

8. tes copains et tes copines / faire un pique-nique

DOROTHÉE: _____

VOUS: _____

Nom _____

B **3. Jamais pendant les vacances!** Quand vous étiez plus jeune, vous partiez toujours en vacances en famille. Dites ce que ces personnes ne faisaient jamais, et pourquoi, en utilisant les suggestions données. Soyez logique!

aller dans les champs
faire du camping
faire une promenade en bateau
laisser des déchets
prendre un bain de soleil
se baigner
se lever tôt
se perdre
se promener dans les bois
venir au club d'alpinisme
vouloir faire du feu

avoir le mal de mer
avoir peur des serpents
choisir toujours la plage
connaître le danger
détester les insectes
être allergique au soleil
nager très mal
respecter la nature
savoir lire les cartes *(maps)*
se perdre facilement
sortir tous les soirs

UNITÉ
3

▶ Moi,   *je ne me promenais jamais dans les bois parce que je me perdais facilement* _____.

1. Grand-père _____
   _____.

2. Sylvain et toi, _____
   _____.

3. Élise _____
   _____.

4. Tu _____
   _____.

5. Nous deux, _____
   _____.

6. Moi, _____
   _____.

7. Mes cousines _____
   _____.

8. Ton père et toi, _____
   _____.

9. Tes parents _____
   _____.

10. Tu _____
    _____.

Nom _____

C **4. En camping** Carole a fait du camping en Suisse avec Marie-Pierre et ses amis. Elle vous raconte ce qui s'est passé. Complétez ses phrases avec le verbe approprié à l'imparfait ou au passé composé.

aimer	marcher
aller	nager
avoir	partir
commencer	regarder
connaître	repartir
crier *(to shout)*	rester
décider	s'arrêter
donner	s'avancer
être	se lever
faire	voir

Nous (1)_____ tôt tous les matins. Après le petit déjeuner, nous

(2)_____ notre journée. Nous (3)_____ tous les jours parce

que nous (4)_____ du camping au bord d'un lac. Un jour, Marie-Pierre

(5)_____ d'aller se promener dans la forêt. Je (6)_____

avec elle. Nous (7)_____ bien le chemin *(path)* parce que ce

n'(8)_____ pas la première fois que nous (9)_____ dans

cette forêt. Nous (10)_____ une heure, puis nous (11)_____

pour nous reposer. Tout à coup, Marie-Pierre (12)_____.

Je/J'(13)_____ dans sa direction et je/j'(14)_____ un

énorme ours *(bear)* brun! L'ours (15)_____ vers nous calmement. Marie-Pierre

lui (16)_____ un gâteau et il (17)_____. Moi,

je/j'(18)_____ très peur! Heureusement, cet ours (19)_____

les gâteaux suisses! Après ce petit incident, je/j' (20)_____ au bord du lac tous

les jours.

Nom _____

PARTIE 2

A 1. L'incendie de la ferme En juillet, vous avez fait du camping à la ferme. Mais il y a eu un incendie dont vous avez été le témoin. Vous racontez l'événement à votre ami. (Attention: mettez le verbe au temps approprié et respectez l'ordre chronologique des événements.)

appeler les pompiers *(firefighters)*	être sains et saufs *(safe and sound)*
arriver	ne pas y avoir de victimes
assister à la destruction de la ferme	se passer très vite
avoir très peur	voir des flammes
se trouver dans le jardin	

▶ Tout d'abord, ma soeur et moi, nous _nous trouvions dans le jardin_ .

1. D'abord, nous _____.

2. Puis, j'_____.

3. Ma soeur et moi, nous _____.

4. Ensuite, les pompiers _____.

5. Puis, les événements _____.

6. Après, nous _____.

7. Enfin, nous _____.

8. Finalement, il _____.

A 2. La météo Vous êtes en train de lire *l'Écho des Alpes,* un journal suisse. Voici les titres de chaque article. D'après ces titres, devinez quel type de mauvais temps a causé chaque accident. (Attention: chaque accident doit avoir une cause différente.)

▶ Une jeune femme tombe en marchant dans la rue.

Elle est tombée parce qu'il y avait du verglas.

1. Il y a une inondation dans la rue principale.

_____

2. Un enfant se casse la jambe.

_____

3. Un arbre vieux de 300 ans brûle.

_____

4. Des alpinistes se perdent en montagne.

_____

5. La circulation *(traffic)* s'arrête.

_____

6. Une antenne tombe d'un toit.

_____

7. Les amateurs de parapente ne partent pas.

_____

8. Un petit garçon, seul chez lui, a très peur.

_____

Writing

UNITÉ 3

B 3. Des vacances de rêve Vous écrivez à votre correspondant de la Côte d'Ivoire pour lui raconter les plus belles vacances de votre vie. Complétez les phrases en mettant les verbes donnés à l'imparfait ou au passé composé.

Cher Fabrice,

Quand j'_____ dix ans, je _____ à
            (1) avoir   (2) aller

Madagascar avec ma famille. Quelle surprise! D'abord, je ne _____
                                                              (3) savoir

pas qu'on _____ français sur cette île à l'est de l'Afrique.
          (4) parler

Il _____ très chaud quand nous _____.
      (5) faire   (6) arriver

Tout d'abord, nous _____ Antananarivo, la capitale. Puis,
                    (7) visiter

nous _____ au parc Ranomafana. Un jour, pendant que mes parents
      (8) aller

_____ des orchidées, ma soeur et moi, nous _____
        (9) admirer   (10) voir

un caméléon. Au moment où nous _____ le toucher, il
                                (11) vouloir

_____ de couleur! Au parc, il y _____ aussi
    (12) changer   (13) avoir

des lémuriens (lemurs) et des plantes sauvages (wild). C'_____
                                                          (14) être

magnifique. J'_____ vraiment heureux (heureuse) d'être dans ce
              (15) être

parc. Finalement, nous _____ aux États-Unis lorsque la saison
                        (16) rentrer

des pluies _____. Ces vacances _____ vraiment
            (17) commencer   (18) être

incroyables.

                                        Amicalement,

                                        _____

Nom _____

B **4. Problèmes naturels** Il y a un an, vous avez participé au camp de vacances «Jeunes et Nature» dans les Laurentides au Québec. Mais la météo vous a posé quelques problèmes. Racontez vos mésaventures en formant des phrases avec les suggestions données. Soyez logique! (Attention au temps des verbes.)

> QUEL TEMPS?
> **brouillard, ciel, froid, neige, noir, pluie, tempête, tonnerre, vent**
>
> À QUEL MOMENT?
> **au moment où, lorsque, pendant que, quand**

▶ voir des lumières bizarres

    Il faisait noir quand j'ai vu des lumières bizarres.

1. planter la tente

   _____

2. se baigner dans le lac

   _____

3. vouloir prendre un bain de soleil

   _____

4. se perdre dans le bois

   _____

5. arriver au sommet de la montagne

   _____

6. enregistrer *(to record)* le chant des oiseaux

   _____

7. faire de la planche à voile

   _____

8. dormir dehors

   _____

C **5. Quelques personnages historiques** Lisez ces brèves biographies de Français célèbres. Puis, récrivez ces biographies en remplaçant chaque verbe au passé simple par le passé composé.

Le Marquis de La Fayette 1757–1834
Général et politicien, La Fayette devint populaire parce qu'il participa activement à la guerre de l'Indépendance américaine. Il prit le parti des Américains. En 1802, il facilita l'acquisition de la Louisiane par les États-Unis, mais il refusa le poste américain de gouverneur de la Louisiane.

1.   *Général et politicien, La Fayette est devenu* _____

_____

_____

_____

Nom _____

Samuel de Champlain 1567–1635
Le roi Louis XIII ordonna à Champlain d'établir une colonie au Canada, alors appelé la Nouvelle-France. En 1604, il visita l'Acadie (aujourd'hui la Nouvelle-Écosse) puis, en 1608, il fonda Québec et en devint le gouverneur. Il explora aussi les Grands Lacs et mourut au Québec en 1635.

2. _____

_____

_____

_____

Napoléon 1er 1769–1821
De simple capitaine de l'armée, Napoléon Bonaparte devint Empereur de France en 1804. Napoléon fit beaucoup de guerres et il annexa de nombreuses régions européennes. En 1803, il vendit la Louisiane que les Américains payèrent 80 millions de francs. Napoléon mourut en exil en 1821.

3. _____

_____

_____

_____

Marie Curie 1867–1934
Marie Curie naquit en Pologne mais elle vécut en France. Elle fut la première femme professeur à la Sorbonne, la prestigieuse université de Paris. Elle épousa Pierre Curie en 1895. Elle devint célèbre pour sa découverte du radium. Elle reçut deux prix Nobel: un de physique en 1903 et un de chimie en 1911.

4. _____

_____

_____

_____

Louis Pasteur 1822–1895
Homme de science, Louis Pasteur mit au point une méthode de conservation que l'on appela la *pasteurisation*. Il découvrit le vaccin contre la rage *(rabies)* en 1885. Il inventa également d'autres vaccins et il donna son nom à l'Institut Pasteur, un centre de recherche et de production de vaccins et de sérums.

5. _____

_____

_____

_____

Nom _____

 Communication

A. Madagascar Vous êtes allé(e) à Madagascar pour y observer les animaux et étudier les plantes. À votre retour, vous racontez en détail à vos amis ce que vous avez vu et fait.

MADAGASCAR

sanctuaire de la nature...

Le tourisme de découverte, l'autre tourisme, vous êtes pour? Alors, vous pouvez vous envoler cette année pour le pays des sept variétés de baobab, contre une seule pour l'Afrique. Le pays des mille espèces d'orchidées, parmi lesquelles l'*Angraecum sesquipedale* et son éperon de trente-cinq centimètres. Le pays du plus grand papillon du monde, l'*Argema mittrei,* ou des caméléons dont il possède les deux tiers des espèces connues. Le pays de bien d'autres curiosités encore, et surtout des lémuriens (en photo) dont vous ne trouverez ailleurs que quelques rares cousins égarés...
Ce sanctuaire de la nature, nous l'avons hérité du Gondwana. Ce pays, c'est le nôtre, nous vous y attendons.

AIR MADAGASCAR

Tell your friends:

• why you wanted to go there.

• what you have discovered there.

• what you have seen.

• what the weather was like.

• how you felt.

• what mishap(s) happened.

• if you loved it or not and why.

_____
_____
_____
_____
_____
_____
_____
_____
_____
_____
_____
_____

B. Les dernières nouvelles Vous êtes journaliste au *Journal de la Montagne.* Un fax vous informe d'un accident qui vient d'avoir lieu. Lisez les informations données, puis écrivez votre article en disant ce qui s'est passé, où, quand, comment et sous quelles conditions. Donnez le plus de détails possibles. (Attention: utilisez l'imparfait ou le passé composé.)

20 mars 14h25   PAGE 1

AGENCE FRANCE-PRESSE

☎ (55) 55.55.55.55   **Fax:** 12.34.56.78

Dernière minute

Ce matin, à la station de ski d'Albertville, Alpes

Événement: Avalanche pendant de fortes tempêtes de neige.

Heure: 8h30, au moment où les classes de ski commencent.

Note: Pendant l'avalanche: beaucoup de vent, brouillard, même bruit que pendant un orage.

Témoins: les skieurs. Réaction des témoins: peur puis contents car pas de victimes.

Température: très basse.

_____

_____

_____

_____

_____

_____

_____

_____

_____

_____

Nom _____

Classe _____ Date _____

 **UNITÉ 4** — *Aspects de la vie quotidienne* ·······················

PARTIE 1

A 1. Au supermarché Votre mère s'est cassé la jambe et ne peut pas sortir. Répondez à ses questions en utilisant les suggestions données et le pronom **y**.

bientôt	dans une heure	il y a deux heures
ce matin	demain	il y a une heure
cet après-midi	hier	maintenant

▶ Quand vas-tu au supermarché?

    J'y vais maintenant. _____

1. Quand vas-tu aller chez le photographe?

    _____

2. Quand repartez-vous en ville, ton frère et toi?

    _____

3. Quand étais-tu à la pharmacie?

    _____

4. Quand ton père doit-il retourner chez le docteur?

    _____

5. Quand tes frères sont-ils passés à la supérette?

    _____

6. Quand pars-tu à la papeterie?

    _____

7. Quand ta soeur se trouvait-elle à la poste?

    _____

8. Quand ton père a-t-il été à la boutique?

    _____

papeterie ab

FOURNITURES ET MATERIELS
• pour le BUREAU
• pour l'INFORMATIQUE
• pour le SCOLAIRE
Fax: (01) 69 42 57 57
(01) 69 40 80 80

14, rue Gustave Eiffel
94230 MONTGERON

Nom _____

B **2. À la papeterie** C'est la rentrée et vous allez à la papeterie pour acheter des fournitures *(supplies)* scolaires. Aidez-vous de l'illustration pour écrire les questions de Madame Dupin, la vendeuse. Puis, répondez en donnant une quantité. Soyez logique!

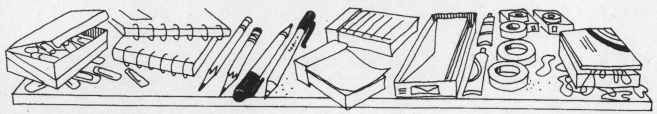

▶ (prendre)

MME DUPIN: _____ Est-ce que tu prends de la colle? _____

VOUS: _____ J'en prends deux tubes. _____

1. (trouver)

MME DUPIN: _____

VOUS: _____

2. (avoir besoin)

MME DUPIN: _____

VOUS: _____

3. (vouloir)

MME DUPIN: _____

VOUS: _____

4. (acheter)

MME DUPIN: _____

VOUS: _____

5. (désirer)

MME DUPIN: _____

VOUS: _____

6. (prendre)

MME DUPIN: _____

VOUS: _____

7. (il faut)

MME DUPIN: _____

VOUS: _____

8. (chercher)

MME DUPIN: _____

VOUS: _____

A/B **3. L'entretien (Interview)** Vous voulez travailler aux Galeries Lafayette à Paris. Vous avez posé votre candidature *(applied)* par écrit et maintenant, vous êtes interviewé(e) au téléphone. Donnez des réponses (personnelles ou imaginaires) en utilisant les pronoms **y** et **en**.

1. Combien de langues étrangères parlez-vous?

_____

2. Étudiez-vous le marketing au lycée?

_____

3. Faites-vous attention aux détails?

_____

4. Pourquoi avez-vous besoin de ce travail?

_____

5. Voulez-vous me parler de vos problèmes personnels?

_____

6. Avez-vous déjà travaillé dans ce genre de magasin?

_____

7. Quand allez-vous entrer à l'université?

_____

8. Avez-vous envie de travailler pendant toutes les vacances d'été?

_____

9. Où prenez-vous des cours de maths?

_____

10. Êtes-vous déjà allé(e) aux Galeries Lafayette à New York?

_____

C **4. Chez le photographe** Vous êtes client chez le nouveau photographe de votre ville. Votre ami(e) vous demande des renseignements sur ses services. Répondez à ses questions en utilisant les pronoms de quantité suggérés. Soyez logique!

certains	la plupart	plusieurs	quelques-uns	un autre

▶ Les vendeurs sont-ils tous sympathiques?
   La plupart sont sympathiques. _____

1. Y a-t-il des appareils-photo très chers?

_____

2. Y a-t-il des accessoires en solde?

_____

3. Leurs photos sont-elles floues *(out of focus)*?

_____

Writing

UNITÉ
4

Nom _____

4. Leurs photos ont-elles gagné des prix *(prizes)*?

_____

5. Ce photographe va-t-il faire les photos au mariage de ta cousine?

_____

6. Toutes les diapos sont-elles moins chères que les pellicules couleurs?

_____

7. Leurs portraits sont-ils tous en noir et blanc?

_____

8. Cette vendeuse t'a-t-elle donné ces mauvaises piles?

_____

C **5. À la supérette** Vous faites quelques achats à la supérette. Dites ce qui se passe dans le magasin en formant des phrases avec les suggestions données. Soyez logique!

acheter	certains	la marque de détergent
avoir besoin	d'autres	les billets de loterie
avoir envie	la plupart de	ses achats avec sa carte de crédit
mettre	plusieurs	les marques de savon
payer	quelques	les pelotes de ficelle
préférer	un autre	les produits d'entretien
recommander		les produits sur le rayon
refuser		les rouleaux de Sopalin
vouloir		les suggestions du vendeur

▶ Monsieur Malin _veut plusieurs produits d'entretien_____.

1. Madame Leroux _____.

2. Ce garçon _____.

3. Le vendeur _____.

4. Moi, je (j') _____.

5. Le représentant _____.

6. Cette cliente _____.

7. Tu _____.

8. Annie et Sébastien _____.

PARTIE 2

Pratique **L'accord du participe passé**

Chez le coiffeur Vous avez été dans un grand salon de coiffure français pour la première fois et votre petite soeur est très curieuse de savoir ce que vous y avez fait. Répondez à ses questions en employant les pronoms nécessaires **(le, la l', les, y, en)**. (Attention à l'accord du participe passé.)

▶ Tu as payé le coiffeur?

   Oui, je l'ai payé.

▶ N'as-tu pas payé le coiffeur?

   Non, je ne l'ai pas payé.

1. As-tu vu la célèbre coiffeuse?

   _____

2. As-tu fait une coupe-brushing?

   _____

3. N'as-tu pas coloré tes cheveux?

   _____

4. As-tu acheté une bouteille de shampooing?

   _____

5. N'as-tu pas voulu de tresses *(braids)*?

   _____

6. As-tu lu les revues de mode?

   _____

7. As-tu écouté les conseils du coiffeur?

   _____

8. As-tu fait attention à l'heure?

   _____

9. N'as-tu pas pensé à la réaction de tes parents en voyant ta coupe?

   _____

10. As-tu remercié le coiffeur et la caissière?

    _____

A. Révision: les pronoms **le, la, les** et **lui, leur**

A **1. La coiffure et vous** Faites-vous très attention à vos cheveux? Répondez à ces questions personnelles en utilisant les pronoms appropriés **(le, la, l', les, lui, leur, y, en)**.

▶ Comment préférez-vous vos cheveux?   _Je les préfère longs._

1. Où faites-vous votre raie?

   _____

2. Quel salon de coiffure recommandez-vous à vos amis?

   _____

3. Colorez-vous vos cheveux?

   _____

Writing

UNITÉ 4

4. Utilisez-vous un séchoir?

_____

5. Faites-vous attention à la mode?

_____

6. Êtes-vous fidèle à votre salon de coiffure?

_____

7. Conseillez-vous souvent votre amie?

_____

8. Rendez-vous visite à votre coiffeur régulièrement?

_____

9. Mettez-vous de l'après-shampooing?

_____

10. Que dites-vous à vos amis quand ils veulent changer de coiffure?

_____

A/B **2. Retour du Maroc** Vous avez fait un séjour chez votre ami Ahmed au Maroc. À votre retour, vous répondez aux questions de vos amis sur ce que vous avez fait. Utilisez deux pronoms dans chaque phrase. (Attention à l'accord du participe passé.)

▶ Tu as montré tes photos au professeur?

Oui, je les lui ai montrées.

1. Tu as invité tes nouveaux amis au restaurant?

_____

2. Ahmed t'a donné un cadeau?

_____

3. Tu as emprunté la voiture aux parents d'Ahmed?

_____

4. Tu as acheté des souvenirs pour tes parents?

_____

5. Ahmed t'a emmené(e) à Casablanca?

_____

6. Ahmed t'a envoyé la cassette vidéo?

_____

7. Tu as parlé à Ahmed de la vie aux États-Unis?

_____

8. Ahmed et toi, vous avez célébré la fête nationale à Marrakech?

_____

9. Ahmed t'a offert des spécialités marocaines?

_____

10. Tu as donné ton numéro de téléphone à Ahmed?

_____

A/B 3. À vos ordres! Vous êtes chez le coiffeur. Chaque client veut quelque chose de spécial. Écrivez ce que chacun ordonne au coiffeur en utilisant deux pronoms compléments. Soyez logique!

▶ Pascale veut des cheveux courts.

Elle dit: _Coupez-les-moi_____!

1. Vous voulez des tresses *(braids)*.

Vous dites: _____!

2. Madame Puce veut que les cheveux de ses filles soient très propres.

Elle dit: _____!

3. Roberto ne veut pas ses cheveux courts.

Il dit: _____!

4. Ariane et moi, nous voulons acheter ce shampooing spécial.

Nous disons: _____!

5. Mademoiselle Durant veut sa frange *(bangs)* plus courte.

Elle dit: _____!

6. Les punks veulent que le coiffeur coupe tous leurs cheveux.

Ils disent: _____!

7. Madame Roitelet demande de faire des tresses à ses deux filles.

Elle dit: _____!

8. Vous exigez cet après-shampooing.

Vous dites: _____!

Pratique   *Faire* + infinitif

Que faire? Chaque problème a une solution. Dites ce que chacun doit faire pour remédier aux situations données. Soyez logique!

▶ Ma pellicule est terminée.

_Tu la fais développer._____

1. Le magnétoscope de mon père ne marche plus.

_____

2. Les talons de tes chaussures sont usés.

_____

3. Monique a une tache sur son chemisier.

_____

4. Notre voiture est vraiment très sale.

_____

5. Le pantalon de son costume est froissé *(wrinkled)*.

_____

6. Mon costume est sale.

_____

7. Nos cheveux sont trop longs.

_____

8. Vous avez besoin de beaucoup de sandwichs pour la fête.

_____

A. La construction **faire** + infinitif

A **1. Les services** Dites ce que vous faites faire quand vous allez voir les personnes suivantes. Donnez au moins deux exemples de service dans chaque réponse.

▶ Chez le vétérinaire

_Je fais examiner mon chien. Je fais vacciner mon chat._____

1. Chez le garagiste

_____

_____

2. Chez le teinturier

_____

_____

3. Chez le cordonnier

_____

_____

4. Chez le photographe

_____

_____

5. Chez le coiffeur

_____

_____

6. Chez la manucure

_____

_____

_____

coiffure martine-Paul

Analyses personnalisées
Cheveu - Peau

Biosthéticien®   1bis, rue de Versailles **91400 ORSAY**
(01) 69 28 79 55

Nom _____

👥 Communication

A. Soyons écologiques! Vous travaillez pour un restaurant. Vous lisez cette publicité dans un magazine spécialisé et vous décidez d'écrire un mémorandum au patron *(boss)* pour lui demander de changer de produit vaisselle. Essayez de le convaincre *(convince)* d'utiliser le détergent Rainett.

"Et pourquoi un produit vaisselle écologique ne serait-il pas efficace?"

RAINETT VAISSELLE

- RAINETT CONTIENT DES AGENTS ACTIFS TRÈS EFFICACES, DONT LA FORMULE A ÉTÉ ÉTUDIÉE POUR ÊTRE LA PLUS INOFFENSIVE POUR L'ENVIRONNEMENT.
- LES AGENTS ACTIFS SONT BIODÉGRADABLES À PLUS DE 98%.
- RAINETT EST PLUS DOUX POUR LES MAINS, VÉRIFIÉ PAR DES TESTS DERMATOLOGIQUES.
- RAINETT FAIT BRILLER LA VAISSELLE GRÂCE À SA FORMULE ANTI-TACHES AU CITRON.

RAINETT LA FORCE VERTE

Tell your boss:
- that his actual product is dangerous, to what/whom and how.
- what you recommend that he do, and three reasons why.
- why this is important to you.
- what everybody should do regarding the environment.

MEMORANDUM

À: Monsieur Pipelet, directeur du restaurant «Les Pommes Vertes»

De la part de: _____

Date: _____

Sujet: Achat d'un nouveau produit vaisselle

_____

_____

_____

_____

_____

_____

_____

B. Sondage (Poll) Un magazine pour les jeunes Français fait un grand sondage sur les jeunes et le shopping. Participez-y en répondant aux questions. (Utilisez des pronoms dans vos réponses pour aller plus vite!)

❖ ❖❖ ❖❖ ❖❖ ❖❖ ❖❖ ❖❖ ❖ **SONDAGE** ❖ ❖❖ ❖❖ ❖❖ ❖❖ ❖❖ ❖❖ ❖

1. Où faites-vous vos achats en général?

_____

2. Qu'achetez-vous dans votre magasin favori?

_____

3. Achetez-vous beaucoup de CD?

_____

4. Donnez-vous souvent des cadeaux à vos ami(e)s?

_____

5. Emmenez-vous votre petit(e) ami(e) au centre commercial?

_____

6. Un vendeur vous a vendu un article que vous n'aimez pas vraiment. Que faites-vous?

_____

7. Que faites-vous quand vos chaussures sont usées?

_____

8. Aimez-vous allez à la poste et pourquoi?

_____

9. Où achetez-vous vos fournitures *(supplies)* scolaires?

_____

10. Avez-vous fait un cadeau récemment? À qui et quoi?

_____

UNITÉ 5 *Bon voyage!* ....

PARTIE 1

A 1. À la douane Après de superbes vacances passées en Guadeloupe, vous rentrez aux États-Unis. À l'aéroport, le douanier vous interroge. Répondez négativement à ses questions. Utilisez les expressions négatives suggérées.

aucun	ni . . . ni	nulle part	personne	rien

▶ —À qui avez-vous prêté votre passeport?
— *Je n'ai prêté mon passeport à personne.*

1. —Avez-vous été hospitalisé(e) ou malade?
—_____

2. —Qu'avez-vous à déclarer?
—_____

3. —Possédez-vous des armes?
—_____

4. —Qui a photocopié votre carte d'identité?
—_____

5. —Où avez-vous perdu votre permis de conduire?
—_____

6. —Avez-vous acheté des médicaments?
—_____

7. —Transportez-vous des plantes ou de la nourriture?
—_____
_____

8. —Qui avez-vous rencontré de suspect?
—_____
_____

9. —Que cachez-vous *(are you hiding)* dans votre sac à dos?
—_____
_____

10. —Où êtes-vous entré(e) illégalement?
—_____
_____

Carte de la Guadeloupe

Nom _____

B **2. Des vacances pour tous!** Vous discutez avec vos amis de vos vacances d'été. Vous aimeriez partir ensemble, mais chacun a ses exigences et ses particularités. Expliquez ce qu'elles sont en utilisant le verbe suggéré, l'expression **ne . . . que** et une expression de votre choix. Soyez logique!

▶ Éric et Christine aiment apprendre les langues. (faire)
   Ils ne font que des séjours linguistiques.
   _____

1. Ton frère parle une seule langue. (connaître)

   _____

2. Marc et moi, nous sommes végétariens. (manger)

   _____

3. Julio et toi, vous détestez la mer. (aller)

   _____

4. Moi, je préfère faire du camping. (partir)

   _____

5. Claire a peur de l'avion. (prendre)

   _____

6. Martine et moi, nous travaillons en juin et en juillet. (être)

   _____

7. Tu aimes apprendre quelque chose de nouveau pendant tes vacances. (faire)

   _____

8. Antoinette choisit toujours d'aller à la plage. (aimer)

   _____

Nom _____

PARTIE 2

Pratique Le futur

Allons au festival! Vous organisez le voyage de votre club de français au festival international de Louisiane, à Lafayette. Les membres du club veulent connaître tous les détails. Écrivez leurs questions et vos réponses en mettant les verbes au futur. Utilisez des pronoms dans vos réponses pour aller plus vite.

▶ nous / aller à Baton Rouge

VOTRE AMI: ____Est-ce que nous irons à Baton Rouge?____

VOUS: Non, ____nous n'y irons pas____.

1. toi / obtenir nos cartes d'embarquement à l'avance

   VOTRE AMI: _____

   VOUS: Oui, _____.

2. nous / faire une escale

   VOTRE AMI: _____

   VOUS: Non, _____.

3. l'avion / atterrir à La Nouvelle-Orléans!

   VOTRE AMI: _____

   VOUS: Oui, _____.

4. moi / avoir un billet de classe touriste

   VOTRE AMI: _____

   VOUS: Oui, _____.

5. Sarah et moi / pouvoir avoir un siège près de la fenêtre

   VOTRE AMI: _____

   VOUS: Oui, _____.

6. toi / savoir le numéro de vol demain

   VOTRE AMI: _____

   VOUS: Non, _____.

7. nous / payer nos billets au retour

   VOTRE AMI: _____

   VOUS: Non, _____.

8. les hôtesses / offrir des sodas

   VOTRE AMI: _____

   VOUS: Oui, _____.

Nom _____

A **1. Tout se passera bien** La semaine prochaine, vous prendrez l'avion avec vos frères et soeurs pour aller passer deux semaines chez vos grands-parents. Vos parents ont besoin d'être rassurés. Dites-leur ce que vous ferez en utilisant les suggestions des deux colonnes. Soyez logique!

acheter	au courant *(informed)* de ce qui se passe
appeler	dans l'aéroport
arriver (à)	dans l'avion
attacher	des cartes postales à toute la famille
devoir	l'aéroport à l'heure
dormir	maman de l'aéroport
envoyer	me reposer chez les grands-parents
être	nos valises
faire attention (à)	nous attendre à l'arrivée
pouvoir	quelques magazines
se promener	sa ceinture de sécurité

▶ Patricia et moi, nous <u>arriverons à l'aéroport à l'heure</u> _____.

1. Lucas et moi, nous _____.

2. Patricia _____.

3. Philippe _____.

4. Je (J') _____.

5. Patricia et moi, nous _____.

6. Lucas et toi, vous _____.

7. Les grands-parents _____.

8. Tu _____.

9. Je (J') _____.

10. Papa et toi, vous _____.

B **1. Les projets** Vos amis et vous projetez de faire un voyage en train quand vous serez en France. Aidez-vous des suggestions données pour dire ce que vous ferez si les circonstances suivantes se présentent. Soyez logique!

▶ Tu n'as pas de siège près de la fenêtre. (occuper quoi?)

　　 <u>Si je n'ai pas de siège près de la fenêtre, j'occuperai une place près du couloir.</u>

1. Vous ne pouvez pas partir. (annuler quoi?)

_____

2. Pierre et moi, nous allons en Suisse. (passer par quoi?)

_____

3. Tu es fatigué(e). (revenir quand?)

_____

4. Je veux faire des économies. (voyager comment?)

_____

5. Tes amis ne compostent pas leurs billets. (avoir quoi?)

_____

6. Lucille et moi, nous ratons le train. (prendre quoi?)

_____

7. Tu ne sais pas quel est le quai de départ. (regarder quoi?)

_____

8. Éric et toi, vous désirez acheter un autre billet. (aller où?)

_____

C **2. Bientôt les vacances!** C'est bientôt les vacances d'été. Aidez-vous des illustrations pour dire ce que ces personnes feront et imaginez quand elles pourront faire cette activité. Soyez logique! (Attention: utilisez des verbes différents dans vos réponses.)

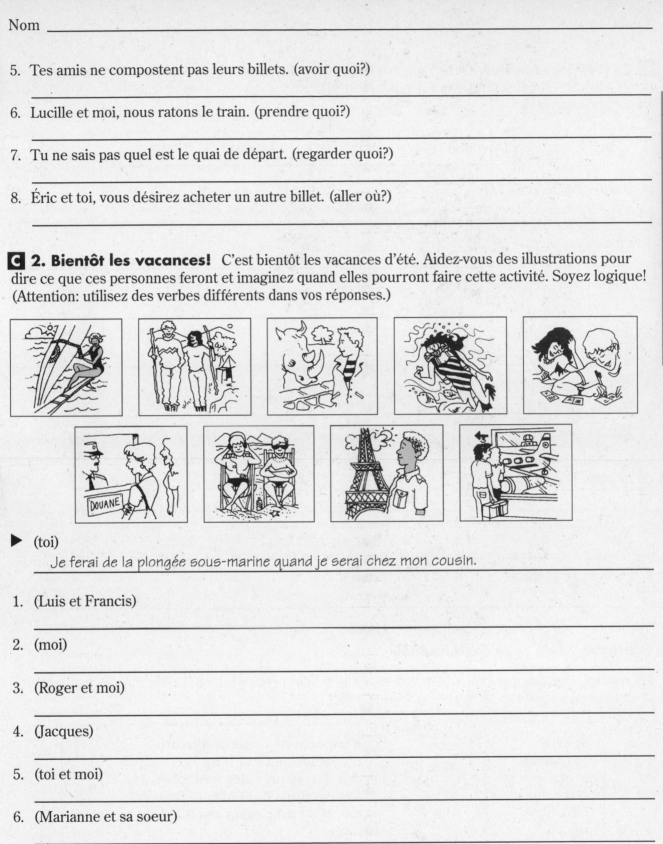

▶ (toi)

Je ferai de la plongée sous-marine quand je serai chez mon cousin.

_____

1. (Luis et Francis)

_____

2. (moi)

_____

3. (Roger et moi)

_____

4. (Jacques)

_____

5. (toi et moi)

_____

6. (Marianne et sa soeur)

_____

7. (toi)

_____

8. (Mimi et moi)

_____

C **3. Que ferez-vous?** Quels sont vos projets d'avenir? Dites ce que vous ferez quand vous serez confronté(e) aux situations suivantes. (Attention: dans vos réponses, utilisez les conjonctions de temps suggérées.)

aussitôt que	dès que	lorsque	quand

▶ gagner à la loterie

   J'achèterai une voiture neuve aussitôt que je gagnerai à la loterie.

1. être en vacances

   _____

2. obtenir votre diplôme

   _____

3. avoir du temps libre

   _____

4. être indépendant(e)

   _____

5. gagner assez d'argent

   _____

6. en avoir l'opportunité

   _____

7. acheter une voiture

   _____

8. chercher du travail

   _____

Pratique **Le conditionnel**

En avion Dites ce que chacun ferait si vos amis et vous preniez l'avion. Utilisez les suggestions des deux colonnes et mettez les verbes au conditionnel.

acheter
annoncer
avoir
être
faire
mettre
regarder
se présenter
vendre
vouloir
voyager

à la porte de départ à l'heure
des billets aller et retour
des places près des fenêtres
des produits hors-taxes *(duty-free)*
des réservations à l'avance
direct
l'heure d'arrivée
les bagages à main sous le siège
les nuages
plus confortablement en première classe
un siège dans la section non-fumeur

Nom _____

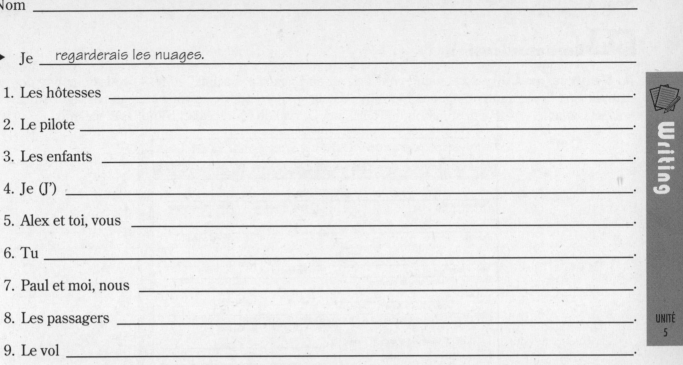

▶ Je ___regarderais les nuages._____

1. Les hôtesses _____.

2. Le pilote _____.

3. Les enfants _____.

4. Je (J') _____.

5. Alex et toi, vous _____.

6. Tu _____.

7. Paul et moi, nous _____.

8. Les passagers _____.

9. Le vol _____.

10. Je (J') _____.

D 1. Les conditions C'est bientôt les vacances et toute la classe se prépare à partir en train pour Montréal. Complétez les phrases avec une expression de votre choix pour dire ce que vous et vos amis feriez dans les circonstances données. Soyez logique!

▶ Si vous ne fumiez pas, vous ___choisiriez la section non fumeur_____.

1. Si tu avais de l'argent, tu _____.

2. Si Corinne et toi, vous étiez en retard, vous _____.

3. Si nous ne trouvions pas le quai, nous _____.

4. Si je voulais voir le paysage *(scenery)*, je _____.

5. Si Victor et Irène avaient leur permis de conduire, ils _____.

6. Si le contrôleur passait, il _____.

7. Si tu emportais beaucoup de vêtements, tu _____.

8. Si nous étions prudents, nous _____.

9. Si je passais par la douane, je _____.

10. Si Agnès et toi, vous perdiez vos billets, vous _____.

Nom _____

👥 Communication

A. L'entrée au Canada Quand vous arrivez au Canada par avion, l'hôtesse vous demande de remplir une déclaration de douane identique à celle-ci. Prétendez que vous êtes un passager sur le vol Air Canada N° 048 à destination de l'aéroport Dorval de Montréal et remplissez la fiche.

Les réponses aux questions suivantes servent au contrôle douanier et à la compilation de statistiques.

À remplir par tous les voyageurs

		J M A
Nom de famille	Prénom et initiales	Date de naissance

Adresse — n°, rue _____ Code postal _____

Ville, village _____ Province ou état _____ PAYS _____

ARRIVÉE PAR (indiquer le moyen) :

☐ Air   Compagnie aérienne _____ N° du vol _____   ☐ Marine   ☐ Chemin de fer   ☐ Autobus

J'ENTRE AU CANADA EN PROVENANCE
(Cocher une seule case)

☐ des É.-U. seulement (y compris Hawaii)

☐ d'un autre pays (vol direct)

☐ d'un autre pays via les É.-U.

INDIQUER LES 3 DERNIERS PAYS VISITÉS DURANT CE VOYAGE (excluant les É.-U.) :

_____

_____

_____

RAISON PRINCIPALE DE CE VOYAGE :   ☐ Personnelle   ☐ Voyage d'affaires

	OUI	NON
– J'apporte au Canada :		
• des articles dont la valeur/le nombre dépasse l'exemption personnelle, y compris des cadeaux **(voir feuille de renseignements)**;	☐	☐
• armes à feu ou autres armes; produits dérivés d'animaux menacés d'extinction;	☐	☐
• du matériel commercial, des marchandises destinées à un usage professionnel ou commercial, des articles à revendre, des échantillons, outils, équipement;	☐	☐
• des animaux, oiseaux, viandes, aliments contenant de la viande ou des produits laitiers, oeufs;	☐	☐
• des plantes, boutures, vignes, légumes, fruits, graines, noix, bulbes, racines ou de la terre.	☐	☐
– Je visiterai une ferme au Canada dans les 14 prochains jours.	☐	☐

B. Où iriez-vous? Où iriez-vous si vous pouviez faire un long voyage? Dites-le et donnez cinq exemples de ce que vous feriez dans ce pays.

Si je pouvais faire un long voyage, je

_____

_____

_____

_____

_____

_____

_____

_____

_____

_____

UNITÉ 6 *Séjour en France* ....

PARTIE 1

A **1. Que choisir?** Votre amie veut aller en France cet été et elle vous demande des renseignements. Répondez à ses questions en faisant des comparaisons variées et personnelles.

▶ Les auberges de jeunesse sont-elles confortables?

    Elles sont aussi (plus, moins) confortables que les hôtels.

1. Les auberges à la campagne sont-elles bruyantes?

    _____

2. Le téléphone en France fonctionne-t-il bien?

    _____

3. La nourriture dans un hôtel de luxe est-elle bonne?

    _____

4. Les hôteliers *(hotel managers)* acceptent-ils souvent les chèques?

    _____

5. La pension complète coûte-t-elle cher?

    _____

6. Les chèques de voyage sont-ils pratiques?

    _____

7. Les hôtels de luxe sont-ils bien situés?

    _____

8. Les salles d'exercices ferment-elles souvent?

    _____

9. Une auberge est-elle bon marché?

    _____

10. Le service dans un hôtel de luxe est-il bien fait?

    _____

fimotel Evry
Hôtel ** - TV - Canal+
Salle de bains complète
Petit déjeuner servi en chambre
Restaurant Le Gaulois
Cuisine traditionnelle : menu à partir de 12€
Séminaires • Banquets • Terrasse grill au feu de bois
8, rue du Bois Chaland
91029 LISSES
Fax : (01) 60 86 07 90 **(01) 60 86 90 00**

B **2. Le guide touristique** Votre ami veut écrire un guide touristique pour les jeunes américains qui désirent voyager en France. Avant de commencer, il fait une enquête pour savoir ce que les jeunes pensent des voyages et de la France. Pour chaque groupe, dites ce qui, à votre avis, est le plus ou le moins ancien (important, célèbre, etc.).

▶ La cathédrale Notre-Dame, l'Arc de Triomphe et la Tour Eiffel sont les monuments anciens de Paris.

La cathédrale Notre-Dame est le monument le plus ancien de Paris.

La Tour Eiffel est le monument le moins ancien de Paris.

1. La Normandie, l'Alsace et la Côte d'Azur sont les régions touristiques de France.

   _____

   _____

2. Une salle d'exercices, un ascenseur et un accès pour personnes handicapées sont les installations importantes d'un hôtel.

   _____

   _____

3. Chambord, Versailles et Chenonceaux sont les châteaux connus des Américains.

   _____

   _____

4. Napoléon, de Gaulle et Richelieu sont des personnages célèbres de l'histoire de France.

   _____

   _____

5. Le chèque de voyage, la carte de crédit et le chèque personnel sont les paiements bien acceptés dans les hôtels.

   _____

   _____

6. Un restaurant trois étoiles, un restaurant deux étoiles et un restaurant sans étoile sont les bons restaurants de la ville.

   _____

   _____

7. Les égoûts *(sewers)*, les catacombes et le cimetière du Père-Lachaise sont les attractions insolites *(unusual)* de Paris.

   _____

   _____

8. Une chambre pour deux personnes, une chambre à un lit et une chambre avec salle de bains privée sont les chambres spacieuses d'une auberge.

   _____

   _____

Nom _____

A/B **3. Paris–Londres** Vous séjournez en France et vous décidez d'aller passer quelques jours en Angleterre. Avant de choisir comment vous allez traverser la Manche *(Channel)*, vous comparez les différentes possibilités. (Attention: utilisez les formes comparatives et superlatives.)

TUNNEL

Prix: de 185€ à 430€ avec voiture

Vitesse du train: 135 km/h

Durée du voyage: 35mn

FERRY

Prix: de 165€ à 410€ avec voiture

Durée du voyage: 1h30 si la météo est bonne

Départs: toutes les 45 minutes

HOVERCRAFT

Prix: de 195€ à 450€ (Aucune voiture à bord)

Durée du voyage: 35 mn

Writing

UNITÉ 6

▶ cher?

    Le ferry est aussi cher que le tunnel. L'hovercraft est le plus cher. _____

1. rapide? _____

    _____

2. amusant? _____

    _____

3. récent? _____

    _____

4. régulier? _____

    _____

5. pratique? _____

    _____

6. dangereux? _____

    _____

Nom _____

PARTIE 2

A/B **1. Des choix à faire** Vous êtes à l'hôtel en Normandie avec un ami qui aime poser des questions. Formulez ses questions en utilisant les formes du pronom **lequel**. Puis, répondez en utilisant les formes du pronom **celui** et un superlatif de votre choix.

▶ vouloir visiter un château

VOTRE AMI: _Lequel veux-tu visiter?_

VOUS: _Je veux visiter celui qui est le plus ancien._

1. aller au musée

VOTRE AMI: _____

VOUS: _____

2. parler des femmes de chambre

VOTRE AMI: _____

VOUS: _____

3. préférer les guides touristiques

VOTRE AMI: _____

VOUS: _____

4. participer à une visite organisée

VOTRE AMI: _____

VOUS: _____

5. revenir du parc

VOTRE AMI: _____

VOUS: _____

6. choisir un restaurant

VOTRE AMI: _____

VOUS: _____

7. assister aux fêtes

VOTRE AMI: _____

VOUS: _____

8. vouloir les couvertures

VOTRE AMI: _____

VOUS: _____

9. envoyer une carte postale

VOTRE AMI: _____

VOUS: _____

10. discuter des monuments historiques

VOTRE AMI: _____

VOUS: _____

Nom _____

Pratique **Pronoms possessifs**

Toujours la même chose! Vous rentrez d'un voyage de France et vous racontez que les pensionnaires *(hotel guests)* et vos camarades de voyages ont tous fait les mêmes choses! Donnez des exemples en utilisant les pronoms possessifs.

▶ M. Dupin a monté ses bagages.

Moi, j' _*ai monté les miens aussi.*_____

1. Les Miraud ont réveillé leurs enfants à sept heures tous les jours.

   Les Paternac _____.

2. Arthur a téléphoné à ses parents tous les jours.

   Moi, j'_____.

3. J'ai utilisé mon oreiller spécial.

   Arthur _____.

4. Mirabelle a écrit à ses amis.

   Alice _____.

5. Madame Miraud a demandé des nouvelles de ses amies françaises.

   Toi, tu _____.

6. Tu as parlé de ta famille à la gérante.

   Pablo et moi, nous _____.

7. Les touristes anglais ont toujours pris leur déjeuner dans la chambre.

   Albert et toi, vous _____.

8. Mme Pierre a contesté sa note.

   Toi, tu _____.

9. La fille des Paternac a perdu ses clés.

   Muriel et moi, nous _____.

10. Arthur a remercié sa femme de chambre.

    Alice _____.

Nom _____

👥 Communication

Où irez-vous? Lisez ces trois offres françaises, puis faites six comparaisons entre elles. Ensuite, d'après vos comparaisons, déterminez quelles seraient les meilleures vacances pour vous et pourquoi. (Attention: utilisez les formes superlatives et comparatives.)

SOUS LE SOLEIL...

Dans un vaste domaine près de la plage
Juste à côté de Nice

Venez passer des vacances d'été incroyables dans une ambiance sportive et sympathique.

UN PARADIS À 1H15 DE PARIS!

Écrivez ou appelez:
CLUB SOLEIL ET SPORT
108, avenue des Platanes - 75017 Paris
Tél.: 01.47.55.55.55

L'AUBERGE DU CHEVAL BLANC

Située dans la superbe vallée de la Vallouise, dans les Hautes-Alpes, l'auberge du Cheval Blanc est un châlet typique où vous passerez des vacances actives. Escalade, promenades et de nombreuses autres activités sportives vous attendent.

Semaine en pension complète de 218€ à 320€. Réduction enfants.

Appeler
Marthe ou Pascal
au 04.93.55.00.55

HÔTEL DES SOMMETS À CHAMONIX

Rénové en 25 appartements de grand luxe, l'hôtel des Sommets vous propose les services d'un hôtel de luxe aux prix d'un hôtel bon marché.

Vous aurez: Le petit déjeuner (6€ par jour et par personne), la télévision (23€ par semaine), le ménage quotidien (23€ par jour) et le linge de toilette (8€ par semaine), pour tout séjour en juillet ou août.

Appelez-nous vite pour faire vos réservations au:
04.50.34.44.55

Comparaisons

- _____
- _____
- _____
- _____
- _____
- _____

Je voudrais aller à/au _____

_____

_____

UNITÉ 7 · *La forme et la santé* ·····················

PARTIE 1

A 1. Une épidémie Vous travaillez dans une colonie de vacances et vous venez de demander aux enfants de faire le ménage. Soudain, tout le monde est malade! Certains le sont vraiment, d'autres prétendent *(claim)* l'être. Dites ce que vous pensez des excuses de chacun et pourquoi. (Attention: utilisez le subjonctif ou l'indicatif selon les cas.)

▶ Monique a beaucoup de fièvre. (douter)

> *Je doute qu'elle ait beaucoup de fièvre parce*

> *qu'elle n'a que 38 degrés de température.*

1. Je me sens malade. (être sûr)

   _____

2. Luis et moi, nous sommes trop faibles. (ne pas être sûr)

   _____

3. Véronique et Nicole sont fatiguées. (être certain)

   _____

4. J'ai mal au ventre. (douter)

   _____

5. Patrick et moi, nous saignons du nez. (savoir)

   _____

6. Je vais chez le docteur. (souhaiter)

   _____

7. Céline tousse énormément. (savoir)

   _____

8. Océane et moi, nous restons au lit. (désirer)

   _____

Nom _____

B **2. Actions et réactions** Dites quelle est votre attitude et celle de vos amis face aux situations données. Utilisez les verbes suggérés. Soyez logique!

craindre	peindre
croire	plaindre
éteindre	se plaindre de

▶ Tu n'aimes pas l'infirmière du lycée.
   Tu te plains de l'infirmière.

1. Raúl et Yvette n'aiment plus la couleur de leur voiture.

   _____

2. Sarah et toi, vous êtes désolé(e)s que Marianne soit malade.

   _____

3. Je suis certaine que Patrick a dit la vérité.

   _____

4. Ibrahim ne veut pas regarder ce programme de télé sur la médecine.

   _____

5. J'ai reçu une mauvaise note en biologie.

   _____

6. Chaque Noël, tes petits frères attendent leurs cadeaux près de la cheminée.

   _____

7. Albert et toi, vous allez chez l'oculiste.

   _____

8. Lucie et moi, nous disons que les maisons hantées *(haunted)* existent.

   _____

9. Tu as peur de ce que tes parents vont dire quand ils verront leur voiture.

   _____

10. Madeleine veut une plus belle chambre.

   _____

Nom _____

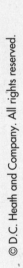

C **3. À l'hôpital** Vous faites un stage à l'hôpital et vous discutez avec le médecin. Vous lui dites quelles sont les émotions de chacun en réponse à ses affirmations.

▶ (avoir peur / avoir quoi?)

LE MÉDECIN: Le petit Robert va faire une radio.

VOUS: Sa mère _a peur qu'il ait une pneumonie._____.

1. (être fier / soigner qui?)

LE MÉDECIN: Le chirurgien vient d'opérer une star du cinéma.

VOUS: Il _____.

2. (être désolé / se sentir comment?)

LE MÉDECIN: Les infirmiers et moi, nous sommes très fatigués.

VOUS: Je _____.

3. (craindre / être quoi?)

LE MÉDECIN: Cet enfant doit prendre rendez-vous chez le spécialiste.

VOUS: Vous _____?

4. (être surpris / aller comment?)

LE MÉDECIN: Ce patient est bien portant maintenant.

VOUS: Les infirmières _____.

5. (regretter / ne pas travailler quand?)

LE MÉDECIN: Tu dois te reposer ce weekend.

VOUS: Je _____.

6. (être triste / avoir quoi?)

LE MÉDECIN: Madame Collot et moi, nous avons besoin d'antibiotiques.

VOUS: Mon collègue et moi, nous _____.

7. (être furieux / ne pas prendre quoi?)

LE MÉDECIN: Ces patients refusent leurs cachets.

VOUS: Vous _____?

8. (être ravi / se porter comment?)

LE MÉDECIN: Je viens d'examiner le bébé de ta soeur.

VOUS: Je _____.

Nom _____

C **4. Sentiments personnels** Êtes-vous sensible *(sensitive)* ? Pour chaque situation, écrivez une phrase pour exprimer vos émotions. (Attention: utilisez le plus de verbes et d'expressions d'émotion possibles.)

▶ Votre frère tousse beaucoup.
   Je suis triste qu'il ait mal à la gorge.

1. Un chien est accidenté par une voiture dans la rue.

   _____

2. Vous gagnez une médaille en sport.

   _____

3. Vous avez un rendez-vous, mais votre ami(e) n'est pas encore là.

   _____

4. Vos parents vous offrent un cadeau.

   _____

5. Votre meilleur(e) ami(e) est malade.

   _____

6. Vous avez perdu tout votre argent de poche.

   _____

7. Vos amis ne viennent pas à votre boum.

   _____

8. Vous vous sentez mal.

   _____

9. Votre frère gagne à la loterie.

   _____

10. Vous êtes injustement puni(e).

   _____

D **5. Diagnostics** Vous travaillez dans un cabinet médical et les patients vous demandent conseil. Répondez-leur en utilisant des expressions de doute et de certitude appropriées et variées. (Attention au temps des verbes.) Soyez logique!

▶ M. RENARD: Mon fils a de la fièvre, mais il ne tousse pas. A-t-il une pneumonie?

VOUS: _Je doute qu'il ait une pneumonie._ _____

1. MME ARNAUD: Mes enfants ont de la fièvre et des boutons. Ont-ils la varicelle?

VOUS: _____

2. MME LÉOTARD: Mon mari est déprimé. Doit-il prendre des vitamines?

VOUS: _____

3. ROGER: Ma soeur et moi, nous avons mal à la gorge. Avons-nous besoin d'antibiotiques?

VOUS: _____

4. M. HENRIOT: Mes enfants ont un rhume. Ont-ils besoin d'aller à l'hôpital?

VOUS: _____

5. M. LEMAIRE: Ma femme et moi, nous éternuons toujours quand nous nous promenons dans les champs. Sommes-nous allergiques au pollen?

VOUS: _____

6. PHILIPPE: J'ai eu les oreillons quand j'étais petit. Est-ce que je suis encore contagieux?

VOUS: _____

7. MOI: J'ai mal aux yeux. Dois-je aller chez l'oculiste?

VOUS: _____

8. MLLE CHANSON: Je me sens faible et j'ai des vertiges. Le médecin va-t-il prendre ma tension?

VOUS: _____

Nom _____

PARTIE **2**

A **1. Mauvaises nouvelles** Vous téléphonez à votre correspondante française car vous êtes sans nouvelles depuis trois mois. Malheureusement, vous apprenez que ses amis ont eu beaucoup de problèmes. Exprimez vos réactions en utilisant les expressions de regret données et le passé du subjonctif.

déplorer	être désolé	être triste	regretter

▶ Arielle / avoir trois caries

Je suis désolé(e) qu'elle ait eu trois caries. _____

1. M. et Mme Seurat / avoir des problèmes de santé

_____

2. Sylvie / se fracturer l'épaule

_____

3. Maurice et Benjamin / rester à l'hôpital une semaine

_____

4. toi / être déprimée

_____

5. Isabelle / se brûler en cuisinant

_____

6. M. Seurat / se couper au doigt

_____

7. Thomas / se fouler la cheville en faisant du ski

_____

8. Olivia et Colette / se blesser pendant les vacances

_____

9. Clarisse et toi / prendre des gouttes très mauvaises

_____

10. Léon et Hugues / tomber en faisant de l'escalade

_____

Nom _____

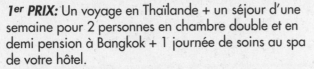 **Communication**

A. Le concours (contest) Voici un concours publié dans le magazine français *VITAL*. Répondez aux questions.

JEU-CONCOURS
LA MER VOUS APPREND LA SANTÉ

⊙ **PRODUITS THALASSO**

1er PRIX: Un voyage en Thaïlande + un séjour d'une semaine pour 2 personnes en chambre double et en demi pension à Bangkok + 1 journée de soins au spa de votre hôtel.

2e PRIX: Une croisière de 8 jours pour 2 personnes en Grèce.

3e PRIX: Une semaine de thalassothérapie à La Baule (en Bretagne) pour 2 personnes + chambre double et pension complète à l'hôtel + 4 soins par jour.

4e PRIX: Une semaine de thalassothérapie à La Baule et à Port-Fréjus (Côte d'Azur) + chambre double et pension complète à l'hôtel + 4 soins par jour.

5e au 10e PRIX: Une croisière santé de 10 jours dans un centre marin en France.

11e au 100e PRIX: Produits de beauté Thalasso.

QUESTION N°1
Thalassothérapie signifie:
a. traiter par la mer et l'air marin.
b. traiter par les algues.
c. traiter par les boues *(mud)* marines.

QUESTION N°2
Les océans recouvrent *(cover)* une superficie de:
a. 40% du globe.
b. 70% du globe.
c. 85% du globe.

QUESTION N°3
Les algues, il en existe:
a. 3 000 espèces.
b. 5 000 espèces.
c. 25 000 espèces.

QUESTION SUPPLÉMENTAIRE:
Combien de réponses exactes avons-nous reçues à ce concours?

- -

BULLETIN DE PARTICIPATION
LA MER VOUS APPREND LA SANTÉ
À envoyer à: Thalasso, 39 rue des poissons, 75005 Paris
avant le 15 septembre à minuit.

QUESTION N°1 : a. ☐ b. ☐ c. ☐   QUESTION N°2 : a. ☐ b. ☐ c. ☐
QUESTION N°3 : a. ☐ b. ☐ c. ☐   QUESTION SUPPLÉMENTAIRE: _____

Nom: _____ Prénom: _____

Adresse: _____

Code postal: _____ Ville: _____

Les prix gagnés ne pourront être ni échangés ni remboursés.

Maintenant, imaginez que vous avez gagné un prix. Dites lequel et pourquoi vous en êtes ravi(e).

_____

_____

_____

_____

_____

Nom _____

B. Action humanitaire L'association «Médecins du Monde» recrute des volontaires, mais vos parents ne veulent pas vous laisser partir dans un pays étranger. Essayez de les convaincre *(convince)* en leur expliquant vos sentiments et pourquoi il faut que vous participiez à cette action humanitaire.

- Tell your parents that you have to go to this foreign country (tell which one) and why.
- Tell them that you are sorry that they don't want you to leave.
- Tell them that you are sure that you won't have any problems and why you feel that way.
- Tell them that you are sad they don't understand what the association does.
- Give some examples of actions undertaken by «Médecins du Monde».

Nom _____

Classe _____ Date _____

UNITÉ 8 — *En ville* ....

PARTIE 1

A 1. De bonnes idées Ce dimanche, votre meilleur ami et vous, vous essayez de décider ce que vous allez faire. Votre ami vous dit ce qu'il souhaiterait et vous lui suggérez des solutions. Soyez logique!

▶ moi / savoir quoi faire cet après-midi

VOTRE AMI: Ah, si je savais quoi faire cet après-midi...

VOUS: ___Et si tu faisais un tour en ville?___

1. toi et moi / avoir une voiture

VOTRE AMI: _____

VOUS: _____

2. Marisol / venir avec nous au parc

VOTRE AMI: _____

VOUS: _____

3. toi / inviter Delphine

VOTRE AMI: _____

VOUS: _____

4. toi et moi / prendre un pot avec Charles et Joëlle

VOTRE AMI: _____

VOUS: _____

5. tes parents / me prêter leur voiture

VOTRE AMI: _____

VOUS: _____

6. moi / sortir avec Dominique

VOTRE AMI: _____

VOUS: _____

7. toi / avoir la télévision

VOTRE AMI: _____

VOUS: _____

8. ton frère et toi / voir l'exposition

VOTRE AMI: _____

VOUS: _____

Nom _____

B **2. Au rendez-vous** Vous avez eu rendez-vous avec vos amis en ville. À votre retour, votre petit frère vous demande de préciser ce qui s'est passé. Répondez à ses questions affirmativement ou négativement. (Attention: utilisez des pronoms si nécessaire et mettez les verbes au plus-que-parfait.) Soyez logique!

▶ Pourquoi Arielle n'a-t-elle pas choisi ce film au ciné?

(déjà voir) *Parce qu'elle l'avait déjà vu.*

1. Pourquoi n'as-tu pas montré les photos à Pierre?

   (apporter) _____

2. Pourquoi n'es-tu pas descendu(e) du bus au bon arrêt?

   (s'endormir) _____

3. Pourquoi Virginie ne t'a-t-elle pas donné l'adresse de Paul?

   (oublier) _____

4. Pourquoi Pierre et Benoît ne vous ont-ils pas retrouvés au café?

   (arriver) _____

5. Pourquoi Sébastien et toi n'avez-vous pas été au McDonald's?

   (déjeuner) _____

6. Pourquoi Anna ne s'est-elle pas promenée avec vous?

   (se blesser) _____

7. Pourquoi Rose et toi n'avez-vous pas été à l'heure au rendez-vous?

   (se dépêcher) _____

8. Pourquoi n'as-tu pas gardé ces lunettes de soleil?

   (emprunter) _____

Nom _____

B 3. Souvenirs de vacances Avec vos amis, vous comparez vos vacances de l'année dernière à celles de l'année d'avant. Dans vos réponses, utilisez des pronoms **(le la, l', les)** si nécessaire et ajoutez une expression de votre choix. Soyez logique!

▶ Ma soeur et moi, nous avons acheté nos souvenirs à l'aéroport.

   <u>L'année d'avant, nous les avions achetés en ville.</u>

1. Mes parents sont allés à Marseille.

   _____

2. Tu as voyagé en train.

   _____

3. Mes cousines ont fait leurs réservations à l'avance.

   _____

4. Mon neveu et toi, vous êtes restés à l'hôtel.

   _____

5. J'ai organisé mes vacances moi-même.

   _____

6. Ma mère s'est promenée à la campagne.

   _____

7. Toi et moi, nous nous sommes retrouvé(e)s à Dijon.

   _____

8. J'ai fait la connaissance des cousins de ma correspondante.

   _____

9. Mon frère a rencontré ses amis en France au mois de juillet.

   _____

10. Mon frère et moi, nous sommes partis en France.

   _____

Writing

UNITÉ
8

PARTIE 2

A/B **1. En ville** Et si vous vous promeniez en ville avec vos amis? Dites ce que vous feriez si vous alliez aux endroits représentés dans l'illustration. (Attention: utilisez des verbes différents dans chaque réponse.) Soyez logique!

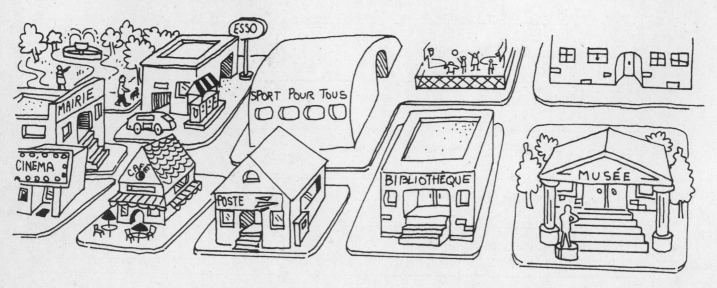

▶ (Caroline et moi)

Si nous allions au musée, nous verrions une exposition.
_____

1. (toi)

_____

2. (Colette et Denise)

_____

3. (moi)

_____

4. (Sergio)

_____

5. (toi et moi)

_____

6. (Michel et toi)

_____

7. (toi)

_____

8. (Éric et Serge)

_____

Nom _____

B **2. À Paris** Imaginez que votre famille et vous habitez à Paris maintenant. Dites si oui ou non les personnes mentionnées feraient les choses suggérées en fonction des conditions données. Soyez logique!

▶ Vous habitez dans un studio. Voulez-vous un appartement plus spacieux?

Si nous habitions dans un studio, nous voudrions un appartement plus spacieux.

(Si nous habitions dans un studio, nous ne voudrions pas d'appartement plus spacieux).

1. Votre père travaille dans le centre-ville. Prend-il le métro chaque matin?

_____

2. Vous habitez dans un quartier bruyant. Êtes-vous stressé(e)?

_____

3. Votre soeur est étudiante. Va-t-elle souvent à la Bibliothèque nationale?

_____

4. Votre soeur et vous, vous souhaitez être acteurs. Prenez-vous des cours au Conservatoire des Arts et Métiers?

_____

5. Vos parents et vous, vous habitez dans un immeuble. Avez-vous envie de vivre *(to live)* dans une tour?

_____

6. Le centre commercial des Halles est tout près de chez vous. Votre soeur y va-t-elle souvent?

_____

7. Vous détestez le tennis. Allez-vous voir les matchs au stade Roland-Garros?

_____

8. Votre mère adore les jardins publics. Se promène-t-elle régulièrement au jardin du Luxembourg?

_____

9. Vos amis habitent loin de chez vous. Viennent-ils chez vous à pied?

_____

10. Vos amis et vous, vous n'avez pas beaucoup d'argent. Prenez-vous un taxi pour aller au centre-ville?

_____

Nom _____

C **3. Une interview spéciale** Vous avez obtenu l'autorisation d'interviewer le président des États-Unis pour le journal de votre école. Vous avez préparé une liste de questions, mais vous devriez les poser poliment au président. Formulez vos questions en utilisant les verbes **devoir**, **pouvoir**, **vouloir**, **aimer** et **souhaiter**. Soyez logique!

INTERVIEW AVEC LE PRÉSIDENT
• parler de votre programme d'action sociale
• décrire une journée typique à la Maison-Blanche
• être président d'un autre pays
• expliquer les raisons du chômage (unemployment)
• faire un autre métier
• participer à toutes les sessions du congrès
• préciser votre plan pour aider les jeunes
• raconter une anecdote politique
• rencontrer le président russe

▶ _____ Voudriez-vous parler de votre programme d'action sociale? _____

1. _____

2. _____

3. _____

4. _____

5. _____

6. _____

7. _____

8. _____

C **4. Pour les jeunes** La mairie de votre ville vient de créer une association pour les jeunes. Vous allez voir le maire car vous aimeriez y travailler. Pour savoir si vous êtes qualifié(e), le maire vous demande comment vous réagiriez dans différentes situations. Donnez des réponses personnelles en faisant attention au temps des verbes. Soyez logique!

▶ Les personnes âgées se plaignent du bruit que font les jeunes au centre sportif. Que dites-vous?

Je dis que les jeunes feront attention maintenant.

▶ Les personnes âgées se sont plaintes du bruit qu'ont fait les jeunes au centre sportif. Qu'avez-vous dit?

J'ai dit que je demanderais aux jeunes d'être moins bruyants.

1. Le club de photographie a besoin de matériel. Que promettez-vous?

_____

2. Les lycéens ont voulu organiser un voyage, mais ils n'avaient pas assez d'argent. Qu'avez-vous déclaré?

_____

3. Les agents de police ont demandé des volontaires pour donner des conseils de sécurité. Qu'avez-vous annoncé?

_____

4. Un journaliste vous demande de décrire un de vos projets. Qu'écrivez-vous?

_____

5. Les commerçants *(shopkeepers)* de la ville aimeraient que les jeunes fassent leurs achats chez eux. Que déclarez-vous?

_____

6. Les jeunes voudraient avoir un centre sportif. Que prédisez-vous?

_____

7. Des branches des arbres du jardin public ont été cassées. Qu'avez-vous affirmé?

_____

8. Plusieurs lycéens ont demandé au maire de fonder un club de football. Qu'avez-vous dit?

_____

9. Les agents de police disent qu'en général les jeunes conduisent trop vite. Que promettez-vous?

_____

10. Les jeunes ont proposé d'améliorer *(improve)* la ville. Qu'avez-vous déclaré?

_____

Writing

UNITÉ 8

Nom _____

PARTIE 3

A **1. Une visite à Paris** Vous avez visité Paris avec un groupe d'amis. Dites ce qui s'est passé en utilisant les suggestions des deux colonnes. Soyez logique!

avoir le temps être en forme ne pas acheter de billet ne pas aller aux Champs-Élysées ne pas avoir mal aux pieds ne pas demander les directions ne pas être malade ne pas visiter le Louvre prendre des chèques de voyage regarder le plan *(map)* vouloir voir un immeuble moderne

aller à la tour de la Défense descendre à la bonne station de métro faire une promenade en bateau sur la Seine le regretter monter en haut de la Tour Eiffel à pied ne pas entrer au palais de la Découverte ne pas perdre tout son argent ne pas voir l'Arc de Triomphe se perdre se promener au jardin des Tuileries visiter le palais de Versailles

▶ Si Solange et moi, nous ___n'avions pas demandé les directions, nous nous serions perdu(e)s___.

1. Si Solange _____

_____.

2. Si Margot et René _____

_____.

3. Si tu _____

_____.

4. Si René et toi, vous _____

_____.

5. Si moi, je (j') _____

_____.

6. Si nous _____

_____.

7. Si Margot _____

_____.

8. Si tu _____

_____.

9. Si toi et moi, nous _____

_____.

10. Si Solange et Margot _____

_____.

B **2. Au journal** Vous désirez travailler au journal local. Vous écrivez une lettre à la directrice pour la persuader de vous employer. Complétez les phrases en mettant les verbes suggérés aux temps appropriés.

Madame Lapresse,

Si vous me donniez du travail, je _____ très heureux (heureuse). En effet, je veux
                                    (1) être

devenir journaliste. Malheureusement, je n'ai pas beaucoup d'expérience. Si j'en _____ la
                                                                                  (2) avoir

possibilité, j'aurais travaillé pour votre journal plus tôt. Si j'y _____, j'aurais donné de
                                                                     (3) travailler

nombreuses idées d'articles sur les jeunes. Si vous acceptez ma candidature, vous ne le _____
                                                                                          (4) regretter

pas. Si j'_____ un poste au journal, je ferai de mon mieux. Par exemple, si vous aviez besoin de
            (5) obtenir

documents, j'_____ à la bibliothèque le soir. Ou si vous _____ connaître
               (6) aller   (7) souhaiter

l'opinion des jeunes sur un problème précis, je les interrogerais. Si vous _____ en voyage,
                                                                            (8) partir

j'aurais répondu au téléphone pour vous et j'_____ vos messages. Vous voyez que je serais très
                                               (9) prendre

très utile. En fait, si vous n'aviez pas écrit cet éditorial sur les jeunes et le travail, je _____
                                                                                              (10) ne pas penser

à vous écrire cette lettre. Si vous cherchiez un assistant, je _____ la personne idéale
                                                                (11) être

pour le poste. Je promets que si vous _____, je serai toujours à l'heure. Si je travaillais
                                        (12) accepter

pour vous, je _____ un de mes rêves (dreams) et je _____
               (13) réaliser   (14) pouvoir

devenir journaliste plus tard.

                                        Je vous présente mes plus sincères salutations.

                                        _____
                                                    (votre nom)

P.S.: Si vous le souhaitiez, vous _____ me contacter au 01.30.55.05.05.
                                   (15) pouvoir

Nom _____

◑◐ Communication

L'agence immobilière (*real estate*) Cet été, vous travaillez dans une agence immobilière. Aidez-vous des annonces de votre agence pour répondre aux questions de vos clients. Soyez logique!

APPARTEMENTS À VENDRE	APPARTEMENTS À LOUER	COMMERCES ET BUREAUX À LOUER
SAINT-MANDÉ En face de la mairie et du bois 3 pièces. Immeuble de pierre, rénové. Ascenseur, interphone, salle de bains marbre. 242,394€ **GONESSE** Près des écoles, du métro et du centre commercial. 5 pièces – 3 chambres. 80,000€ **BOULOGNE** Rue de Paris. Immeuble neuf. Jamais habité. 3 pièces + parking. 267,000€	**FONTENAY AUX ROSES** Studios. 500€ / mois **MAIRIE PUTEAUX** 2 pièces, cuisine, salle de bains. Tout confort. Immeuble ancien. 600€ / mois **EAUBONNE** 4 pièces. Balcon avec vue sur parc. 675€ / mois	**AUBERVILLIERS** Bureaux près de la mairie Parfait état. 900€ / mois **ÎLE SAINT-DENIS** Bel ensemble de bureaux. 10e étage. Tour avec vue sur la Seine. À partir de 250€ / mois **VITRY** Supérette avec boulangerie, boucherie et légumes. Excellente location. Prix à discuter.

▶ M. César: J'aimerais acheter un appartement neuf.

VOUS: *Si vous vouliez un appartement neuf, vous pourriez en avoir un à Boulogne.*

1. M. César: Et si je préférais louer un appartement, lequel me recommanderiez-vous?

VOUS: _____

2. M. César: Merci, je vais réfléchir *(to think)*. Quand devrais-je vous appeler?

VOUS: _____

* *

3. M. Legrand: Bonjour. J'ai trois enfants. Je ne peux pas acheter d'appartement maintenant, mais auriez-vous eu quelque chose si j'en avais cherché un?

VOUS: _____

4. M. Legrand: Oui, je vois. Et si j'avais voulu un commerce?

VOUS: _____

5. M. Legrand: Oh non! J'ai horreur de ce genre de magasin. Si je voulais acheter une boutique de vêtements, que devrais-je faire?

VOUS: _____

M. Legrand: Bien, je vous remercie. Au revoir.

* *

6. Mlle Delatour: Bonjour, moi, j'aimerais acheter ou peut-être louer un appartement. Mais il doit avoir une belle vue. Que dites-vous?

VOUS: _____

7. Mlle Delatour: Et si je ne voulais pas payer trop cher?

VOUS: _____

8. Mlle Delatour: Pourrais-je visiter un appartement?

VOUS: _____

Mlle Delatour: Et bien d'accord. Je vous rappellerai. À bientôt.

UNITÉ 9 — *Les relations personnelles* ························

PARTIE 1

A **1. Les uns et les autres** Vous discutez des relations personnelles avec votre ami. Il vous demande ce qu'ont fait certaines de vos connaissances en fonction des situations. Écrivez ses questions et dites si oui ou non les personnes ont fait ce qu'il demande. (Attention: vous pouvez utiliser certains verbes deux fois.) Soyez logique!

s'aider	se donner rendez-vous	se réconcilier
s'aimer	se fâcher	se rencontrer
se disputer	se parler	se revoir
s'entendre bien/mal	se quereller	se téléphoner

▶ Roman a trouvé le numéro de téléphone de Sophie.

VOTRE AMI: _____ *Se sont-ils rencontrés?* _____

VOUS: _____ *Non, ils se sont téléphoné.* _____

1. Julie a éprouvé de l'amitié pour Daniel.

VOTRE AMI: _____

VOUS: _____

2. Nathalie a rencontré Patrick en vacances.

VOTRE AMI: _____

VOUS: _____

3. Mon cousin et toi, vous n'avez pas passé beaucoup de temps ensemble.

VOTRE AMI: _____

VOUS: _____

4. Marie a eu une dispute avec Denise.

VOTRE AMI: _____

VOUS: _____

5. Fabrice et toi, vous avez eu beaucoup de travail à faire.

VOTRE AMI: _____

VOUS: _____

6. Jean-François et son copain sont partis en vacances ensemble.

VOTRE AMI: _____

VOUS: _____

7. Carine a eu de mauvaises relations avec sa camarade de classe.

VOTRE AMI: _____

VOUS: _____

8. Alexis a éprouvé beaucoup d'animosité envers *(towards)* toi.

VOTRE AMI: _____

VOUS: _____

B **2. L'aide sociale** L'été passé, vous avez travaillé dans une association qui aide les sans-abri *(homeless)*. Dites à votre ami ce qui s'est passé en combinant les deux phrases à l'aide des pronoms relatifs **qui** et **que**.

▶ Le président a répondu à la lettre. J'avais écrit cette lettre.

  Le président a répondu à la lettre que j'avais écrite.

▶ J'ai rencontré le sénateur. Il va financer l'association.

  J'ai rencontré le sénateur qui va financer l'association.

1. J'éprouve de l'affection pour ces personnes. Elles ont besoin de courage.

  _____

2. L'amitié et le respect sont des sentiments. Ils sont très importants.

  _____

3. C'est un père de famille. J'ai aidé ce père de famille à trouver du travail.

  _____

4. Je plains toutes les personnes. Elles dorment dans la rue.

  _____

5. Les enfants ont mangé tous les gâteaux. Tu avais fait ces gâteaux.

  _____

6. Nous avons rénové les deux maisons. Le maire a offert ces deux maisons.

  _____

7. Ce sont des photographies. Ils ont pris ces photographies eux-mêmes.

  _____

8. J'ai contacté plusieurs restaurants. Ils ont promis de donner de la nourriture.

  _____

9. J'ai rencontré des familles. Elles n'ont pas eu de chance.

  _____

10. L'association a distribué les vêtements. Notre classe avait collecté ces vêtements.

  _____

Nom _____

B **3. Le concert** Vous avez aidé votre lycée à organiser un concert de charité. Vous avez promis de donner quelques explications à l'audience avant le début du concert. Complétez votre discours *(speech)* avec les pronoms relatifs **qui** ou **que**.

```
Chers amis,
Les chansons (1)_____ vous allez entendre ce soir ont été écrites
par les élèves du lycée. Ce sont eux (2)_____ en ont aussi composé
la musique. Tous les bénéfices de ce concert iront aux personnes
(3)_____ en ont le plus besoin. L'argent (4)_____ vous donnerez et
(5)_____ nous collecterons à la fin du concert sera ensuite donné
au maire. C'est cet argent (6)_____ sera utilisé pour acheter la
nourriture (7)_____ la mairie distribuera à tous ceux (8)_____ ont
faim. À la fin du concert, vous pourrez également acheter les tee-
shirts (9)_____ les lycéens ont spécialement créés pour ce soir.
Et maintenant, je voudrais que vous applaudissiez tous ces lycéens
(10)_____ le méritent bien!
```

C **4. Chez vous** Vous recevez votre nouvel ami français chez vous pour la première fois. Il vous pose des questions sur ce qu'il voit. Répondez-lui en utilisant les prépositions suggérées avec un pronom relatif et une expression de votre choix. Soyez logique!

▶ Est-ce la photo de ton copain?

   (avec)   *C'est le copain avec qui je vais au ciné le samedi.* _____

1. Est-ce la photo de ta correspondante?

   (à) _____

2. Est-ce ton ordinateur?

   (avec) _____

3. Est-ce que ce sont tes boîtes?

   (dans) _____

4. Est-ce là photo de ton amie?

   (en) _____

5. Est-ce ta table?

   (sur) _____

6. Est-ce la photo de ton athlète favori?

   (pour) _____

7. Est-ce la photo de ta copine?

   (sur) _____

8. Est-ce la photo de ton équipe?

   (pour) _____

9. Est-ce une photo de ton camarade?

   (avec) _____

10. Est-ce que ce sont des tickets pour les concerts?

   (à) _____

UNITÉ
9

Writing

Nom _____

D 5. Vos connaissances Dites ce que font vos connaissances en complétant les phrases avec les mots suggérés et le pronom relatif **dont**.

▶ Boris ne connaît pas ce professeur. (tu / parler)

Il ne connaît pas le professeur dont tu parles.

1. Mario s'entend bien avec cet enfant. (Sophie / s'occuper)

_____

2. Nous voyons souvent cette fille. (François / être amoureux)

_____

3. Tu ne me prêtes pas ces livres. (tu / se servir)

_____

4. Tes parents n'ont pas ces problèmes de santé. (mes parents / se plaindre)

_____

5. Léonie et toi, vous ne lisez jamais ces articles. (Alain et moi, nous / discuter)

_____

6. J'emprunte cet argent. (je / avoir besoin)

_____

D 6. La fête Vous allez organiser une fête pour célébrer la fin de l'année scolaire. Vous devez penser à tous les détails. Répondez aux questions de votre amie en utilisant un verbe approprié et le pronom **dont**. Soyez logique!

avoir besoin	être amoureux	s'occuper
avoir envie	parler	se servir
discuter	se plaindre	se souvenir

▶ Pourquoi prépares-tu ce dessert? (Pascale)

Parce que c'est le dessert dont Pascale a envie.

1. Pourquoi invites-tu ce garçon? (Marie)

_____

2. Pourquoi ces enfants sont-ils là? (je)

_____

3. Pourquoi prends-tu ces CD? (nous)

_____

4. Pourquoi écris-tu ce nom? (je)

_____

5. Pourquoi nous donnes-tu ces cassettes? (vous)

_____

6. Pourquoi parles-tu de ces problèmes? (Denise)

_____

7. Pourquoi lis-tu ce livre de cuisine? (je)

_____

8. Pourquoi sors-tu ce jeu? (Johanne et Cathie)

_____

Nom _____

PARTIE 2

A 1. C'est la vie! Quelle est votre opinion personnelle? Que représentent ces sujets pour vous? Dites-le en trois phrases et utilisez le plus de pronoms relatifs possibles.

▶ quelqu'un de spécial

C'est une personne sur qui je peux compter. C'est la personne dont je suis
amoureux (amoureuse) et avec qui je veux me marier plus tard.

1. les études universitaires

_____

_____

2. les amis

_____

_____

3. un bon métier

_____

_____

4. l'enfance

_____

_____

5. l'ordinateur

_____

_____

6. la vieillesse

_____

_____

7. vos parents

_____

_____

8. la mort *(death)*

_____

_____

9. la pollution

_____

_____

10. l'adolescence

_____

_____

B **2. Ce que vous faites** Dites ce vous faites quand vous êtes confronté(e) à certaines situations. Répondez à chaque question en employant les deux pronoms relatifs suggérés précédés par **ce.**

▶ Vous aidez un copain à comprendre les maths. Que lui expliquez-vous? (qui / que)

Je lui explique ce qui est difficile et ce qu'il ne comprend pas.

1. Vous avez de l'argent et vous allez au centre commercial. Qu'achetez-vous? (dont / qui)

   _____

2. Vous allez à Tahiti. Quels vêtements prenez-vous? (que / qui)

   _____

3. C'est bientôt votre anniversaire. Quels cadeaux demandez-vous? (dont / que)

   _____

4. Vous avez la télévision. Que regardez-vous? (qui / que)

   _____

5. Vous avez été témoin d'un accident en ville. Que racontez-vous à l'agent de police? (dont / qui)

   _____

6. Un conseiller _(counselor)_ est venu dans votre classe pour vous aider à choisir une profession. De quoi vous rappelez-vous? (que / dont)

   _____

7. Vous représentez les jeunes au «Comité de la Jeunesse» à la mairie. Que dites-vous au maire? (dont / que)

   _____

8. Votre amie a obtenu une promotion. Que voulez-vous savoir? (que / dont)

   _____

9. Vous allez au marché aux puces _(flea market)_. Que cherchez-vous? (que / qui)

   _____

10. Vous travaillez dans une association pour aider les personnes à la retraite. Que leur donnez-vous? (dont / que)

   _____

👥 Communication

A. Le comité des lecteurs *La vie québécoise,* un magazine canadien, demande à ses lecteurs de donner leur opinion sur les problèmes actuels. Pourquoi ne pas y participer vous aussi? Remplissez la carte ci-dessous. (Attention: utilisez des pronoms relatifs dans vos phrases.)

ATTENTION LECTEURS!
PARTICIPEZ À NOTRE COMITÉ DES LECTEURS.

Êtes-vous une personne que les problèmes sociaux, les questions d'éducation, de santé ou de consommation intéressent? Voulez-vous exprimer ce que vous pensez?

Les lecteurs de *La vie québécoise* ont beaucoup à dire. Ils se parlent, se téléphonent, se fâchent un peu parfois, mais sont toujours d'accord sur une chose: il faut parler des problèmes.

Faites comme eux! Dites-nous ce qui vous intéresse!

✂ -

Nom: _____

Adresse: _____

Ville ou village: _____

Province: _____

Code postal: _____

Téléphone: _____

Quelle est votre situation de famille?

❑ **marié(e)**   ❑ **célibataire**   ❑ **divorcé(e)**   ❑ **séparé(e)**

Études: _____

Profession: _____

Quel problème vous intéresse le plus et pourquoi?: _____

_____

_____

Dites ce qui vous amuse, ce dont vous rêvez (*dream*) et ce que vous souhaitez pour le futur: _____

_____

_____

_____

_____

_____

Nom _____

B. Biographie Écrivez votre biographie! Pour chaque âge, dites ou imaginez où vous êtes, ce que vous faites et donnez le plus de détails possibles. (Attention: utilisez des pronoms relatifs et les expressions **ce qui**, **ce que** et **ce dont** si possible.)

Tell:

• where and when you were born, what you did during your childhood, what you liked, disliked and why.

• what you do as a teenager, who your favorite athlete is and why, if you get along well with your friends, who your best friend is and what you do with him/her, which problem you talk the most about.

• which profession you have chosen and why, what type of people your friends are, what you do with them, if you and your parents see each other a lot and why.

◐	
	VOTRE ENFANCE
	Je suis né(e)
	VOTRE ADOLESCENCE
◐	
	L'ÂGE ADULTE
◐	

UNITÉ 10 *Vers la vie active* ······································

PARTIE 1

A **1. Les études** Les lycéens pensent à leurs professions futures. Dites à vos amis ce qu'ils devront étudier pour faire le métier dont ils rêvent. Soyez logique!

▶ Tu ___*devras étudier la biologie pour devenir dentiste*_____.

1. Chantal et Claire _____.

2. Emmanuel _____.

3. Bruno et toi, vous _____.

4. Moi, je _____.

5. Alexandra _____.

6. Tu _____.

7. Alice et toi, vous _____.

8. Nous _____.

Nom _____

A **2. Les conseils** Vos amis ont besoin de conseils pour choisir leur carrière. Aidez-les en répondant à leurs questions. Utilisez les prépositions suggérées. Soyez logique!

▶ JOSÉPHINE: J'aimerais être médecin, mais je ne veux pas aller à l'université. (sans)

VOUS: _Tu ne peux pas devenir médecin sans faire d'études universitaires._

1. SANDRA: Qu'est-ce que je dois faire si je veux être diplomate? (pour)

   VOUS: _____

   _____

2. ANTOINE: Je n'ai jamais utilisé d'ordinateur. Comment puis-je devenir spécialiste de données? (avant de)

   VOUS: _____

   _____

3. BÉATRICE: Moi, je veux être patronne tout de suite. (avant de)

   VOUS: _____

   _____

4. PASCAL: Je veux gagner ma vie, mais je n'aime pas le travail. (sans)

   VOUS: _____

   _____

5. JEAN-MICHEL: Je voudrais être journaliste. Qu'est-ce que je dois faire? (pour)

   VOUS: _____

   _____

6. YVETTE: J'aime les affaires. Quelles études dois-je choisir? (pour)

   VOUS: _____

   _____

7. VINCENT: J'aimerais être juge, mais je n'ai pas envie d'apprendre le droit. (sans)

   VOUS: _____

   _____

8. RITA: Qu'est-ce que je vais faire si je n'ai pas de diplôme? (sans)

   VOUS: _____

   _____

9. ÉRIC: Est-ce que je dois chercher un emploi maintenant? (avant de)

   VOUS: _____

   _____

10. NICOLE: Je suis intéressée par la fonction publique. Peux-tu me donner un exemple d'emploi et d'études? (pour)

    VOUS: _____

    _____

Nom _____

B **3. Les stages (Internships)** Après avoir lu ce que vos amis et vous faisiez pendant vos stages, dites ce que chacun éprouve maintenant en utilisant l'infinitif passé.

▶ Tu apprenais le marketing. Tu es fier.

   Tu es fier d'avoir appris le marketing.
   _____

1. Maurice faisait du droit. Il est heureux.

   _____

2. Lysiane parlait une langue étrangère. Elle est ravie.

   _____

3. Valérie et Jacqueline allaient chez un agent de change. Elles sont contentes.

   _____

4. Simone partait dans un bureau en banlieue. Elle est désolée.

   _____

5. Didier et moi, nous vexions la patronne. Nous sommes furieux.

   _____

6. Tristan et Laurent venaient au laboratoire du chercheur régulièrement. Ils sont enchantés.

   _____

7. Tu restais seule dans une petite pièce sans fenêtre. Tu es triste.

   _____

8. Marthe et toi, vous parliez avec le chef du personnel. Vous êtes satisfaites.

   _____

9. Éva et moi, nous avions des cours de gestion. Nous sommes frustrées.

   _____

10. Malika arrivait à l'heure tous les jours. Elle est surprise.

   _____

TELELANGUE

- Stages à l'étranger
- Stages spéciaux jeunes
- Cours par téléphone
- Cours collectifs
- Enseignement assisté par ordinateurs
- Cours spécialisés en entreprise
- Vidéo laser disque
- Intégration vocale

14 langues enseignées • 20 centres en France

Nom _____

B **4. Avant et après** Dites après quoi vous faites les activités mentionnées. Répondez en utilisant la forme **après** + infinitif. Soyez logique!

▶ Quand regardez-vous la télé?

Je regarde la télé après avoir fini mes devoirs.

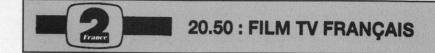

2 France   **20.50 : FILM TV FRANÇAIS**

1. Quand êtes-vous fatigué(e)?

_____

2. Quand rentrez-vous à la maison?

_____

3. Quand allez-vous vous coucher?

_____

4. Quand achetez-vous quelque chose?

_____

5. Quand vous excusez-vous?

_____

6. Quand vous sentez-vous malade?

_____

7. Quand êtes-vous anxieux (anxieuse)?

_____

8. Quand êtes-vous félicité(e)?

_____

9. Quand gagnez-vous de l'argent?

_____

10. Quand vous réconciliez-vous avec votre ami(e)?

_____

Nom _____

C **5. Les explications** Votre petite soeur va entrer au lycée l'année prochaine et elle se pose des questions sur l'avenir. Répondez à ses questions en mettant les verbes suggérés au participe présent et en ajoutant des expressions de votre choix. Soyez logique!

▶ Comment obtient-on un diplôme à l'université? (préparer / réussir à)

On obtient un diplôme en préparant ses cours et en réussissant à ses examens.

1. Comment apprend-on une langue étrangère? (parler / écouter)

_____

_____

2. Comment étudie-t-on la littérature? (lire / connaître)

_____

_____

3. Comment se spécialise-t-on? (aller / continuer)

_____

_____

4. Comment fait-on bonne impression au lycée? (être / savoir)

_____

_____

5. Comment devient-on spécialiste de marketing? (faire / travailler)

_____

_____

6. Comment se perfectionne-t-on en maths? (prendre / étudier)

_____

_____

7. Comment réussit-on au lycée? (avoir / assister à)

_____

_____

8. Comment obtient-on une promotion au travail? (finir / offrir)

_____

_____

Nom _____

C **6. Deux choses à la fois** Certaines personnes sont capables de faire deux choses à la fois. Donnez des exemples en formant des phrases à l'aide des suggestions des deux colonnes. Soyez logique!

apprendre sa leçon	conduire
discuter	couper les légumes
écouter la radio	être malade
faire ses devoirs	manger
lire le journal	regarder la télévision
lire le rapport	s'amuser
monter dans le bus	se disputer
s'amuser	s'habiller
se blesser	se promener
se regarder dans le miroir	téléphoner au comptable
travailler	voir le film

▶ Josée ___fait ses devoirs en regardant la télévision_____.

1. Ali _____
   _____.

2. Ben et moi, nous_____
   _____.

3. Tu _____
   _____.

4. Anne-Marie _____
   _____.

5. Arthur et moi, nous _____
   _____.

6. Je _____
   _____.

7. Le directeur _____
   _____.

8. Florence et Agnès _____
   _____.

9. Vous _____
   _____.

10. Grégory et Luc _____
    _____.

PARTIE 2

A 1. Le chef du personnel Votre père est le chef du personnel d'une firme importante. Dites à vos amis sous quelles conditions il fera ou non les choses suivantes. Dans vos réponses, utilisez les conjonctions **à moins que** ou **à condition que**. Soyez logique!

▶ Il vous téléphonera. (lui donner votre numéro)

Il vous téléphonera à condition que vous lui donniez votre numéro.

1. Il m'engagera. (faire un stage avant)

   _____

   _____

2. Il refusera de vous employer. (avoir des références)

   _____

   _____

3. Il interviewera Marion. (être en retard)

   _____

   _____

4. Il t'offrira un emploi à temps complet. (faire l'affaire)

   _____

   _____

5. Il ne nous parlera pas. (solliciter un entretien)

   _____

   _____

6. Il considèrera la candidature de Marie. (avoir besoin d'un emploi temporaire)

   _____

   _____

7. Il répondra à ta lettre. (mettre ton adresse)

   _____

   _____

8. Il ne prendra pas rendez-vous avec elles. (parler français)

   _____

   _____

Writing

UNITÉ
10

A **2. Limites et conditions** Dites pourquoi ou sous quelles conditions les personnes mentionnées font (ont fait) les choses suivantes. Utilisez les suggestions et une expression de votre choix. Soyez logique!

▶ Je te prête ma voiture. (pour / aller)

    Je te prête ma voiture pour que tu ailles à un entretien.
_____

1. Ton frère a jeté ton journal. (avant / lire)

_____

2. Ton père vous apprend l'informatique. (pour / savoir)

_____

3. Stéphanie te conduit. (jusqu'à / avoir)

_____

4. Yvon a envoyé le curriculum vitae de Patricia. (sans / mettre)

_____

5. J'ai lu ta lettre de recommandation. (sans / donner)

_____

6. Nous te dirons au revoir. (avant / partir)

_____

7. L'infirmière va rester avec Marianne. (jusqu'à / être)

_____

8. Ta mère t'a acheté un costume. (pour / faire)

_____

9. Je donne ces livres à Margot. (avant / acheter)

_____

10. L'agence peut vous offrir un job d'été. (sans / aller)

_____

Nom _____

👥 Communication

A. Les offres d'emploi Lisez ces petites annonces écrites pour les étudiants français. Choisissez celle qui vous intéresse le plus et écrivez une lettre pour solliciter un entretien. Expliquez vos qualifications, comment vous les avez obtenues, votre expérience, vos goûts et pourquoi vous voulez ce job.

JOBS • JOBS • JOBS • JOBS • JOBS • JOBS • JOBS • JOBS • JOBS

Des cours dans les prisons
Le Genepi propose à des étudiants de donner des cours d'informatique dans les prisons. En fonction de vos disponibilités, vous serez le professeur de jeunes délinquants. Une expérience d'une richesse humaine irremplaçable.
Contactez M. Henri au 01.45.55.77.55

Élémentaire, mon cher Holmes
Téléperformances Nord cherche des étudiants de plus de 20 ans avec un niveau bac + 2 pour réaliser des enquêtes par téléphone. 35 heures par semaine. 7,6€ de l'heure.
Contacter: Téléperformance Nord, 03.20.21.55.55

25 vendeurs, futurs managers
Direct Marketing, une nouvelle firme européenne, recherche 25 futurs managers déterminés et ambitieux pour vendre du matériel électronique de poche. Responsabilités et promotions rapides. Vous serez payé à la commission (12%).
Téléphonez au: 03.20.99.99.55.

Chaud chaud! Voilà les pizzas!
Passionné de moto, ce job est pour vous! Spizzazz recherche des étudiants pour livrer ses pizzas en moins de 30 minutes, en particulier le samedi et le dimanche. Un permis moto et une bonne connaissance de la ville sont nécessaires.
Passez au magasin, 8, rue Léon Blum, 59000 Lille
Des contrats de travail à temps partiel (15 à 20 heures) sont proposés.
Salaire: 6€/heure.

Conquête de l'espace
L'Institut de médecine et de physiologie spatiale de Toulouse cherche 8 volontaires pour une expérience de 6 semaines pour mesurer les effets des séjours dans les futures stations spatiales. Principe du test: rester couché tout le temps, sans que vous soyez autorisé de vous lever ou de vous asseoir! Il faut être non-fumeur et en bonne santé. Les volontaires seront payés à la journée.
Pour entretien, contactez M. Dumas au 05.61.25.65.07.

Monsieur/Madame,

_____
_____
_____
_____
_____
_____
_____
_____
_____
_____
_____

B. Le job idéal Si vous pouviez faire n'importe quel métier, que feriez-vous? Décrivez (ou inventez) le métier idéal pour vous.

- Tell what it is.
- Tell why you want to do it.
- Give two examples of what you would accomplish while doing this job.
- Tell what you must do before doing this job.
- Tell under which condition you will get this job: give three examples of what you must learn.

Listening/ Speaking Activities

Listening/Speaking

UNITÉ 1 *Au jour le jour* ....

PARTIE 1

LE FRANÇAIS PRATIQUE: *La description physique*

1. Compréhension orale Vous allez entendre une conversation entre deux jeunes Françaises. Ensuite, vous allez écouter une série de phrases concernant cette conversation. D'abord, écoutez la conversation.

• • •

Écoutez de nouveau la conversation.

• • •

Maintenant, écoutez bien chaque phrase et marquez dans votre cahier si elle est vraie ou fausse. Vous allez entendre chaque phrase deux fois.

	vrai	faux		vrai	faux
1.	☐	☐	6.	☐	☐
2.	☐	☐	7.	☐	☐
3.	☐	☐	8.	☐	☐
4.	☐	☐	9.	☐	☐
5.	☐	☐	10.	☐	☐

2. Réponses logiques Vous allez entendre une série de questions. Pour chaque question, la réponse est incomplète. Dans votre cahier, marquez d'un cercle le mot ou l'expression qui complète la réponse le plus logiquement. D'abord, écoutez le modèle.

▶ Michel a les yeux bleus?
   Non, il a les yeux . . .

   a. ronds   **b. fermés**   ⓒ **marron**

1. a. de taille moyenne   b. professeur   c. faible
2. a. les cheveux châtain   b. les cheveux courts   c. les cheveux frisés
3. a. les cheveux en brosse   b. des taches de rousseur c. une queue de cheval
4. a. athlétique   b. chauve   c. costaud
5. a. rouges   b. verts   c. beaux
6. a. des verres de contact b. une queue de cheval   c. des jeans
7. a. le visage ovale   b. les cheveux noirs   c. un beau visage
8. a. grande   b. mince   c. blonde
9. a. une moustache   b. une cicatrice   c. des lunettes
10. a. gris   b. en brosse   c. bleus

Listening/Speaking

UNITÉ
1

3. Questions Vous allez entendre une série de questions concernant la famille de Marie Bourdon. Regardez les dessins dans votre cahier et répondez aux questions. D'abord, écoutez le modèle.

▶ De quelle couleur sont les cheveux de Marie?
Ils sont noirs.

PARTIE **1**

LANGUE ET COMMUNICATION

Pratique orale Vous allez entendre une série de questions concernant Catherine, une jeune Française qui va venir dans votre classe. Répondez aux questions en utilisant les informations dans votre cahier. D'abord, écoutez le modèle.

▶ Quand est-ce que Catherine va arriver?
Elle va arriver le 3 octobre.

Listening/Speaking

UNITÉ
1

SÉJOUR LINGUISTIQUE
INFORMATIONS PERSONNELLES

IDENTITÉ
Nom: *Catherine Dupré*
Née le: *8 octobre 1984*
Yeux: *noirs*
Cheveux: *bruns, longs*

PRÉFÉRENCES
Couleur préférée: *vert*
Matière scolaire favorite: *anglais*
Sport favori: *tennis*
Activités sociales: *sortir avec des amis le samedi soir*

SÉJOURS DÉSIRÉS
Premier choix: *la Californie, États-Unis*
Deuxième choix: *le Japon*

DATE D'ARRIVÉE
le 3 octobre

Nom _____

PARTIE 1

LE FRANÇAIS PRATIQUE: *La toilette et les soins personnels*

1. Compréhension orale Vous allez entendre une conversation. Ensuite, vous allez écouter une série de phrases concernant cette conversation. D'abord, écoutez la conversation.

• • •

Écoutez de nouveau la conversation.

• • •

Maintenant, écoutez bien chaque phrase et marquez dans votre cahier si elle est vraie ou fausse. Vous allez entendre chaque phrase deux fois.

	vrai	faux			vrai	faux
1.	☐	☐		6.	☐	☐
2.	☐	☐		7.	☐	☐
3.	☐	☐		8.	☐	☐
4.	☐	☐		9.	☐	☐
5.	☐	☐		10.	☐	☐

2. Échanges Vous allez entendre une série d'échanges. Chaque échange consiste en une question et une réponse. Écoutez bien chaque échange, puis complétez la réponse dans votre cahier. Vous allez entendre chaque réponse deux fois. D'abord, écoutez le modèle.

▶ Tu ne te brosses pas les dents, ce matin?

   Je ne trouve pas ___*le dentifrice*_____.

1. J'ai perdu _____.

2. Oui, j'ai besoin _____.

3. Je mets _____.

4. Oui, _____.

5. Parce qu'elle veut _____.

6. Elle met juste _____.

7. Parce que je ne trouve pas _____.

8. _____.

9. Oui, passe-moi _____.

10. Non, elle met de _____.

3. Situation Vous allez participer à une conversation en répondant à certaines questions. D'abord, écoutez la conversation incomplète jusqu'à la fin. Ne répondez pas aux questions. Écoutez.

• • •

Écoutez de nouveau la conversation. Cette fois, jouez le rôle de Monsieur Guibert et répondez aux questions de Mademoiselle Biron. Pour répondre aux questions, regardez le dessin dans votre cahier. Répondez après le signal sonore.

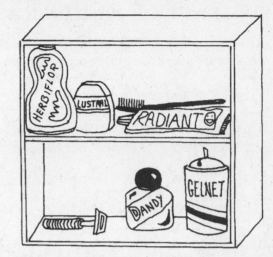

PARTIE 1

LANGUE ET COMMUNICATION

Pratique orale 1 Vous allez entendre une série de questions posées par une personne vraiment curieuse. Répondez aux questions en utilisant les expressions dans votre cahier. Faites attention au temps des verbes et soyez logique! D'abord, écoutez les modèles.

▶ Qu'est-ce que tu fais avec cette brosse?
   Je me brosse les cheveux!

▶ Qu'est-ce que tu vas faire avec cette brosse?
   Je vais me brosser les cheveux!

EXPRESSIONS:

s'essuyer les mains	se laver la figure	se raser
se brosser les cheveux	se laver les cheveux	se regarder
se brosser les dents	se laver les mains	se sécher les cheveux
se couper les ongles	se maquiller	

Pratique orale 2 Certaines personnes vont vous expliquer leur problème. Écoutez bien et dites-leur ce qu'elles doivent faire ou ne pas faire. Utilisez les expressions de votre cahier à l'impératif. D'abord, écoutez le modèle.

▶   se coucher

   Il y a un bon film à la télé, mais je suis très fatiguée.
   Alors, couche-toi maintenant!
OU **Ne te couche pas maintenant!**

1. se laver les mains
2. se couper les ongles
3. se lever plus tôt
4. se faire une omelette
5. se laver les cheveux

6. se reposer un peu
7. se coucher
8. s'habiller bien
9. se raser maintenant
10. se maquiller les yeux

PARTIE 2

LE FRANÇAIS PRATIQUE: *La routine quotidienne*

1. Compréhension orale Patrick va vous parler de ses voisins. Écoutez bien. Ensuite, vous allez écouter une série de phrases concernant cette description. D'abord, écoutez la description.

• • •

Écoutez de nouveau la description.

• • •

Maintenant, écoutez bien chaque phrase et marquez dans votre cahier si elle est vraie ou fausse. Vous allez entendre chaque phrase deux fois.

	vrai	faux			vrai	faux
1.	☐	☐		6.	☐	☐
2.	☐	☐		7.	☐	☐
3.	☐	☐		8.	☐	☐
4.	☐	☐		9.	☐	☐
5.	☐	☐		10.	☐	☐

2. Minidialogues

MINIDIALOGUE 1 Vous allez entendre deux dialogues. Après chaque dialogue, vous allez écouter une série de questions. Chaque dialogue et chaque question vont être répétés. D'abord, écoutez le premier dialogue.

• • •

Écoutez de nouveau le dialogue.

• • •

Maintenant, écoutez bien chaque question et marquez d'un cercle dans votre cahier la réponse que vous trouvez la plus logique.

1. a. Parce qu'elle doit faire ses devoirs.
   b. Parce qu'elle doit se préparer pour sortir avec Daniel.
   c. Parce qu'elle doit aller en classe.

2. a. Pour prendre un café.
   b. Pour acheter des disques.
   c. Pour s'acheter une robe.

3. a. Se dépêcher.
   b. S'habiller.
   c. Être en retard.

4. a. À minuit.
   b. À sept heures et demie.
   c. Maintenant.

MINIDIALOGUE 2 Maintenant, écoutez le second dialogue.

• • •

Écoutez de nouveau le dialogue.

• • •

Maintenant, écoutez bien chaque question et marquez d'un cercle dans votre cahier la réponse que vous trouvez la plus logique.

1. a. Elle se promène.
   b. Elle se repose.
   c. Elle travaille.

2. a. Vers midi.
   b. Vers sept heures.
   c. Vers minuit.

3. a. À l'école.
   b. Au cinéma.
   c. Dans un café.

4. a. Elles ne sont pas très amusantes.
   b. Elles ne sont pas très reposantes.
   c. Elles ne sont pas très longues.

PARTIE 2

LANGUE ET COMMUNICATION

Pratique orale Vous allez entendre une série de questions concernant la journée de Marc. Regardez les dessins dans votre cahier et répondez aux questions en utilisant des verbes réfléchis au passé composé. D'abord, écoutez le modèle.

▶ À quelle heure est-ce que Marc s'est réveillé ce matin?
Il s'est réveillé à 7 heures.

PARTIE 2

LE FRANÇAIS PRATIQUE: *La condition physique et les sentiments*

1. Compréhension orale Vous allez entendre ce que Julien écrit à son amie Hélène. Ensuite, vous allez écouter une série de phrases concernant cette lettre. D'abord, écoutez bien le texte de la lettre.

· · ·

Écoutez de nouveau le texte de la lettre.

· · ·

Maintenant, écoutez bien chaque phrase et marquez dans votre cahier si elle est vraie ou fausse. Vous allez entendre chaque phrase deux fois.

	vrai	faux			vrai	faux
1.	☐	☐		6.	☐	☐
2.	☐	☐		7.	☐	☐
3.	☐	☐		8.	☐	☐
4.	☐	☐		9.	☐	☐
5.	☐	☐		10.	☐	☐

Listening/Speaking

UNITÉ 1

2. Instructions Vous allez entendre deux messages téléphoniques. Vous allez écouter chaque message deux fois. Écoutez bien et écrivez les informations importantes dans votre cahier.

Message 1	
NOM:	_____
ÂGE:	_____
ÉTUDES:	_____
CARACTÈRE:	_____
	_____
LOISIRS:	_____
TÉLÉPHONE:	_____

Écoutez de nouveau le message.

Message 2	
NOM:	_____
ÂGE:	_____
ÉTUDES:	_____
CARACTÈRE:	_____
	_____
LOISIRS:	_____
TÉLÉPHONE:	_____

Écoutez de nouveau le message.

3. Conversation Vous allez entendre une conversation. Écoutez attentivement cette conversation, puis répondez oralement aux questions posées. D'abord, écoutez la conversation.

• • •

Écoutez de nouveau la conversation.

• • •

Maintenant, répondez oralement aux questions suivantes. Vous allez entendre chaque question deux fois.

PARTIE 2

LANGUE ET COMMUNICATION

Pratique orale Éric demande à ses amis comment ils se sentent ou ce qu'ils font dans certaines circonstances. Écoutez bien les questions et donnez la réponse en utilisant les expressions dans votre cahier. D'abord, écoutez le modèle.

▶ Catherine, qu'est-ce que tu fais quand tu es en retard?
Je me dépêche.

EXPRESSIONS:
se sentir tendu	s'excuser	se dépêcher	se sentir en forme
s'amuser	s'inquiéter	se mettre en colère	se taire
s'en aller	s'occuper du jardin	se sentir bien	

UNITÉ 2 · *Soyons utiles!* ···

PARTIE 1

LE FRANÇAIS PRATIQUE: *Les travaux domestiques*

1. Compréhension orale Vous allez entendre une conversation. Ensuite, vous allez écouter une série de phrases concernant cette conversation. D'abord, écoutez, la conversation.

· · ·

Écoutez de nouveau la conversation.

· · ·

Maintenant, écoutez bien chaque phrase et marquez dans votre cahier si elle est vraie ou fausse. Vous allez entendre chaque phrase deux fois.

	vrai	faux			vrai	faux
1.	☐	☐		6.	☐	☐
2.	☐	☐		7.	☐	☐
3.	☐	☐		8.	☐	☐
4.	☐	☐		9.	☐	☐
5.	☐	☐		10.	☐	☐

2. Questions Vous allez entendre une série de questions. Regardez les dessins dans votre cahier et répondez aux questions. D'abord, écoutez le modèle.

▶ Que fait Mme Lebrun?
Elle nettoie le lavabo.

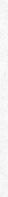

Nom _____

3. Instructions Vous allez entendre une conversation. Écoutez bien et écrivez dans votre cahier ce que Nathalie et Julien doivent faire dans chaque pièce de la maison. Vous allez entendre cette conversation deux fois.

. . .

Écoutez de nouveau la conversation.

	Julien	**Nathalie**
salon		
chambres		
cuisine		
salle de bains		

PARTIE 1

LANGUE ET COMMUNICATION

Pratique orale 1 Émilie a beaucoup de choses à faire aujourd'hui. Elle va dire qu'elle a besoin de certaines choses et un ami va lui demander pourquoi. Jouez le rôle d'Émilie. Commencez chaque réponse par **il faut que . . .** et utilisez les expressions dans votre cahier. Soyez logique! D'abord, écoutez le modèle.

▶ J'ai besoin d'une éponge.
   Pourquoi?
   Il faut que je nettoie la salle de bains.

EXPRESSIONS:
arroser les fleurs   laver la voiture   passer l'aspirateur dans le salon
balayer le garage   laver le linge   repasser ma robe
couper des roses   nettoyer la salle de bains tondre la pelouse
éplucher les légumes   nettoyer les vitres

Pratique orale 2 Vous allez entendre une série de phrases. Écoutez bien et confirmez ce que dit chaque personne. Commencez votre réponse par **Tu as raison, il faut que . . .** D'abord, écoutez le modèle.

▶ Nous devons appeler nos grands-parents.
   Tu as raison, il faut que vous appeliez vos grands-parents.

PARTIE 2

LE FRANÇAIS PRATIQUE: *Pour rendre service*

1. Compréhension orale Vous allez entendre une conversation. Ensuite, vous allez écouter une série de phrases concernant cette conversation. D'abord, écoutez la conversation.

. . .

Écoutez de nouveau la conversation.

. . .\

Maintenant, écoutez bien chaque phrase et marquez dans votre cahier si elle est vraie ou fausse. Vous allez entendre chaque phrase deux fois.

	vrai	faux		vrai	faux
1.	☐	☐	6.	☐	☐
2.	☐	☐	7.	☐	☐
3.	☐	☐	8.	☐	☐
4.	☐	☐	9.	☐	☐
5.	☐	☐	10.	☐	☐

2. Échanges Vous allez entendre une série d'échanges. Chaque échange consiste en une question et une réponse. Écoutez bien chaque échange, puis complétez la réponse dans votre cahier. Vous allez entendre chaque réponse deux fois. D'abord, écoutez le modèle.

▶ Tu peux m'aider à ranger le salon?

    Oui, _bien sûr_ _____.

1. _____!

2. Je regrette, mais _____.

3. Non, _____.

4. Oui, je veux bien te _____.

5. Ils voudraient bien, mais _____.

6. _____, mais je ne peux pas.

7. Je regrette, _____.

8. _____. Merci beaucoup.

9. _____!

10. C'est gentil de me _____.

3. Conversation Vous allez entendre une conversation. Écoutez bien cette conversation, puis répondez aux questions posées. D'abord, écoutez la conversation.

. . .

Écoutez de nouveau la conversation.

. . .

Maintenant, répondez oralement aux questions suivantes. Vous allez entendre chaque question deux fois.

Listening/Speaking

UNITÉ 2

PARTIE 2

LANGUE ET COMMUNICATION

Pratique orale 1 Julien n'est pas en forme. Il va chez le médecin et il lui explique ses problèmes. Jouez le rôle du docteur et répondez à Julien. Commencez les réponses en utilisant les expressions dans votre cahier. D'abord, écoutez le modèle.

▶ ne pas être normal

Je suis toujours fatigué.
Il n'est pas normal que vous soyez toujours fatigué.

1. être important
2. être essentiel
3. il faut
4. être dommage
5. il ne faut pas

6. être important
7. il vaut mieux
8. être utile
9. être important
10. être normal

Pratique orale 2 Les enfants et les parents ne sont pas toujours d'accord. Écoutez les enfants. Ils vont dire qu'ils ne veulent pas faire certaines choses. Ensuite, jouez le rôle du parent et dites que vous n'êtes pas d'accord. Commencez vos phrases par **Eh bien moi, je veux que . . .** D'abord, écoutez le modèle.

▶ Je ne veux pas prendre de bain.
Eh bien moi, je veux que tu prennes un bain!

PARTIE 2

LE FRANÇAIS PRATIQUE: *Comment décrire un objet*

1. Compréhension orale Vous allez entendre une conversation. Ensuite, vous allez écouter une série de phrases concernant cette conversation. D'abord, écoutez la conversation.
• • •
Écoutez de nouveau la conversation.
• • •
Maintenant, écoutez bien chaque phrase et marquez dans votre cahier si elle est vraie ou fausse. Vous allez entendre chaque phrase deux fois.

	vrai	faux			vrai	faux
1.	☐	☐		6.	☐	☐
2.	☐	☐		7.	☐	☐
3.	☐	☐		8.	☐	☐
4.	☐	☐		9.	☐	☐
5.	☐	☐		10.	☐	☐

Nom _____

2. Réponses logiques Vous allez entendre une série de questions. Pour chaque question la réponse est incomplète. Dans votre cahier, marquez d'un cercle le mot ou l'expression qui complète la réponse le plus logiquement. D'abord, écoutez le modèle.

▶ Comment est la Tour Eiffel?
   Elle est . . .

   a. froide   (**b.) haute**   **c. molle**

1. a. fragile   b. flexible   c. pointu
2. a. minuscule   b. massif   c. rond
3. a. d'occasion   b. rectangulaire   c. neuve
4. a. léger   b. lourd   c. rugueux
5. a. ternes   b. solides   c. courts
6. a. vide   b. fragile   c. bas
7. a. elle n'est pas brillante   b. elle n'est pas solide   c. elle n'est pas petite
8. a. il est mouillé   b. il est sec   c. il est terne
9. a. sont droits   b. sont épais   c. sont minces
10. a. ovale   b. triangulaire   c. ondulé
11. a. ils sont humides   b. ils sont polis   c. ils sont secs
12. a. vide   b. énorme   c. tiède

3. Minidialogues

MINIDIALOGUE 1 Vous allez entendre deux dialogues. Après chaque dialogue, vous allez écouter une série de questions. Chaque dialogue et chaque question vont être répétés. D'abord, écoutez le premier dialogue.
. . .
Écoutez de nouveau le dialogue.
. . .
Maintenant, écoutez bien chaque question et marquez d'un cercle dans votre cahier la réponse que vous trouvez la plus logique.

1. a. Une table pour le salon.   b. Une table pour sa chambre.   c. Une chambre.
2. a. Ronde.   b. Pointue.   c. Étroite.
3. a. Le marbre.   b. Le verre.   c. Le bois.
4. a. Parce que c'est fragile.   b. Parce que c'est lisse.   c. Parce que c'est épais.
5. a. Acheter une chaise.   b. Acheter une table d'occasion. c. Acheter une table en verre.

Listening/Speaking

UNITÉ
2

MINIDIALOGUE 2 Maintenant, écoutez le second dialogue.

• • •

Écoutez de nouveau le dialogue.

• • •

Maintenant, écoutez bien chaque question et marquez d'un cercle dans votre cahier la réponse que vous trouvez la plus logique.

1. a. Une fleur en plastique.   b. Une table.   c. Un vase ancien.

2. a. Parce qu'il veut qu'il   b. Parce qu'il veut qu'il soit   c. Parce qu'il veut qu'il
   soit brillant.   plus terne.   soit mouillé.

3. a. Il est rond et gros.   b. Il est haut et mince.   c. Il est lourd et mou.

4. a. Beaucoup de fleurs.   b. Des cadeaux.   c. Une seule fleur.

5. a. Parce qu'il est plein.   b. Parce qu'il est très fragile.   c. Parce qu'il est neuf.

4. Situation Vous allez participer à une conversation en répondant à certaines questions. D'abord, écoutez la conversation incomplète jusqu'à la fin. Ne répondez pas aux questions. Écoutez.

• • •

Écoutez de nouveau la conversation. Cette fois, jouez le rôle de Rémi et répondez aux questions de Marie pour l'aider à trouver la solution de la devinette *(riddle)*. Pour répondre aux questions, regardez le dessin dans votre cahier. Il représente l'objet que Marie doit deviner. Répondez après le signal sonore.

| UNITÉ **3** | *Vive la nature!* ••••••••••••••••••••••••••••••••••••••• |

PARTIE **1**

LE FRANÇAIS PRATIQUE: *Les vacances: Plaisirs et problèmes*

1. Compréhension orale Vous allez entendre une conversation. Ensuite, vous allez écouter une série de phrases concernant cette conversation. D'abord, écoutez la conversation.

• • •

Écoutez de nouveau la conversation.

• • •

Maintenant, écoutez bien chaque phrase et marquez dans votre cahier si elle est vraie ou fausse. Vous allez entendre chaque phrase deux fois.

	vrai	faux			vrai	faux
1.	☐	☐		6.	☐	☐
2.	☐	☐		7.	☐	☐
3.	☐	☐		8.	☐	☐
4.	☐	☐		9.	☐	☐
5.	☐	☐		10.	☐	☐

2. Réponses logiques Vous allez entendre une série de questions. Pour chaque question la réponse est incomplète. Dans votre cahier, marquez d'un cercle le mot ou l'expression qui complète la réponse le plus logiquement. D'abord, écoutez le modèle.

▶ Est-ce que tu aimes nager?
Oui, mais j'ai peur de . . .

    ⓐ **me noyer**   b. **mettre le feu**   c. **me bronzer**

	a.	b.	c.
1.	j'ai peur de me perdre	j'ai mal aux pieds	j'ai le mal de mer
2.	fait de la planche à voile	marche sur un serpent	se noie
3.	faire de la plongée sous-marine	faire du camping	faire de l'alpinisme
4.	laisser de moustiques	laisser de déchets	respecter la nature
5.	font peur aux animaux	nettoient tous les déchets	ne polluent jamais
6.	il ne faut pas faire de pique-nique	il ne faut pas se perdre	il ne faut pas attraper de coup de soleil
7.	on peut détruire la végétation	on peut se casser la jambe	on peut observer les animaux
8.	été piqué par une fourmi	mis le feu	attrapé un coup de soleil
9.	mettre le feu	faire du camping	faire des frites
10.	être piquée par des moustiques	avoir le mal de mer	se perdre
11.	ne faut pas mettre le feu.	ne faut pas tomber dans l'eau.	ne faut pas faire de pique-nique.
12.	détruire les arbres	faire peur aux animaux	protéger l'environnement

Listening/Speaking

UNITÉ
3

Nom _____

3. Questions Vous allez entendre une série de questions. Regardez les dessins dans votre cahier et répondez aux questions. D'abord, écoutez le modèle.

▶ Qu'est-ce que tu fais quand tu es à la campagne?
J'observe les animaux.

4. Instructions Vous êtes au bord de la mer et vous arrivez à la réserve naturelle des Rochebelles. À l'entrée de la réserve, vous voyez un panneau. Sur ce panneau, il y a une description de certaines choses qu'o*n peut faire,* de certaines choses qu'*on doit faire* et de certaines choses qu'*il ne faut pas faire* dans la réserve. Vous allez entendre le texte de ce panneau deux fois. Écoutez bien et inscrivez dans votre cahier les choses qu'on peut faire, les choses qu'on doit faire et les choses qu'il ne faut pas faire.

• • •

Écoutez de nouveau le texte du panneau.

🌲 RÉSERVE NATURELLE DES ROCHEBELLES 🦆		
Vous pouvez faire	**Vous devez faire**	**Ne faites pas!**

Nom _____

PARTIE 1

LANGUE ET COMMUNICATION

Pratique orale 1 Vous allez entendre une série de questions. Dans ces questions, quelqu'un va vous demander si certaines personnes ont fait certaines choses. Expliquez le problème que chaque personne a eu en faisant chaque activité. Commencez toutes vos réponses par **Oui, mais . . .** et utilisez le passé composé des verbes de la liste. D'abord, écoutez le modèle.

▶ Est-ce que Catherine a pris un bain de soleil aujourd'hui?
Oui, mais elle a attrapé un coup de soleil.

LISTE DE PROBLÈMES:

attraper un coup de soleil	laisser des déchets sur l'herbe	se blesser
avoir le mal de mer	marcher sur un serpent	s'endormir
être piqué par des moustiques	mettre le feu à la forêt	tomber dans l'eau
faire peur aux animaux	perdre son portefeuille	

Pratique orale 2 Vous allez entendre ce que certaines personnes font maintenant. Utilisez les informations de votre cahier et dites ce que ces personnes faisaient *avant*. D'abord, écoutez le modèle.

▶ à Marseille

Paul habite à Paris.
Avant, il habitait à Marseille.

1. étudiant
2. de l'escalade
3. au lycée
4. du café
5. beaucoup d'amis

6. en Espagne
7. souvent sa grand-mère
8. beaucoup
9. beaucoup de lettres
10. un peu de vin

Pratique orale 3 Vous allez entendre Catherine vous dire ce qu'elle et sa famille avaient l'habitude de faire pendant les vacances. Jouez le rôle de Catherine et dites ce que chacun a fait *le dernier jour*. Pour répondre, utilisez les informations de votre cahier. D'abord, écoutez le modèle.

▶ se lever tôt

Pendant les vacances, je me levais toujours tard.
Le dernier jour, je me suis levée tôt.

1. ne pas se baigner
2. faire les bagages
3. ranger la maison
4. rester à la maison
5. ne pas avoir le temps de faire de la plongée sous-marine

6. prendre le déjeuner dans la cuisine
7. être de mauvaise humeur
8. aller à la plage en voiture
9. s'embêter
10. téléphoner à son copain

Listening/Speaking

UNITÉ
3

PARTIE 2

LE FRANÇAIS PRATIQUE: *Quoi de neuf?*

1. Compréhension orale Vous allez entendre Denis vous raconter une histoire. Ensuite, vous allez écouter une série de phrases concernant cette histoire. D'abord, écoutez l'histoire.

• • •

Écoutez de nouveau l'histoire.

• • •

Maintenant, écoutez bien chaque phrase et marquez dans votre cahier si elle est vraie ou fausse. Vous allez entendre chaque phrase deux fois.

	vrai	faux			vrai	faux
1.	☐	☐		6.	☐	☐
2.	☐	☐		7.	☐	☐
3.	☐	☐		8.	☐	☐
4.	☐	☐		9.	☐	☐
5.	☐	☐		10.	☐	☐

2. Échanges Vous allez entendre une série d'échanges. Chaque échange consiste en une question et une réponse. Écoutez bien chaque échange, puis complétez la réponse dans votre cahier. Vous allez entendre chaque réponse deux fois. D'abord, écoutez le modèle.

▶ Qu'est-ce qui est arrivé?

    Il y a eu un accident _____.

1. _____ d'un accident.

2. Il a eu lieu _____.

3. _____ dans le jardin.

4. _____, je suis allée voir ce qui se passait.

5. _____!

6. _____.

7. _____.

8. _____!

9. Un peu, mais elle est arrivée à l'heure, _____.

10. J'ai vu _____.

3. Minidialogues

MINIDIALOGUE 1 Vous allez entendre deux dialogues. Après chaque dialogue, vous allez écouter une série de questions. Chaque dialogue et chaque question vont être répétés. D'abord, écoutez le premier dialogue.

. . .

Écoutez de nouveau le dialogue.

. . .

Maintenant, écoutez bien chaque question et marquez d'un cercle dans votre cahier la réponse que vous trouvez la plus logique.

1. a. Du camping en Espagne.
   b. De l'escalade à la montagne.
   c. Du camping à la campagne.

2. a. Il a plu tout le temps.
   b. Il a neigé.
   c. Il n'a jamais plu.

3. a. Mélanie a marché sur un serpent.
   b. Mélanie a été à l'hôtel.
   c. Il y a eu un orage incroyable.

4. a. De rentrer à Paris.
   b. D'aller voir Pierre.
   c. De faire du camping.

5. a. Il a fait de l'orage.
   b. Il a fait très beau.
   c. Il a fait très mauvais.

6. a. Ils allaient en Espagne.
   b. Ils faisaient du bateau.
   c. Ils allaient se baigner.

7. a. Ils faisaient de la planche à voile.
   b. Ils se baignaient.
   c. Ils faisaient du vélo.

8. a. Il y a eu du vent.
   b. Il y a eu un peu de pluie.
   c. Il y a eu un peu de verglas.

MINIDIALOGUE 2 Maintenant, écoutez le second dialogue.

. . .

Écoutez de nouveau le dialogue.

. . .

Maintenant, écoutez bien chaque question et marquez d'un cercle dans votre cahier la réponse que vous trouvez la plus logique.

1. a. Ils voulaient aller au cinéma.
   b. Ils voulaient faire un pique-nique.
   c. Ils voulaient regarder la météo.

2. a. Il va pleuvoir.
   b. Il va aller faire un pique-nique.
   c. Il va faire beau.

3. a. Faire une promenade en bateau.
   b. Au cinéma.
   c. À la maison.

4. a. Demain.
   b. Dans la semaine.
   c. Dimanche.

4. Conversation
Vous allez entendre une conversation. Écoutez bien cette conversation, puis répondez aux questions posées. D'abord, écoutez la conversation.

. . .

Écoutez de nouveau la conversation.

. . .

Maintenant, répondez oralement aux questions suivantes. Vous allez entendre chaque question deux fois.

5. Situation Vous allez participer à une conversation en répondant à certaines questions. D'abord, écoutez la conversation incomplète jusqu'à la fin. Ne répondez pas aux questions. Écoutez.

•••

Écoutez de nouveau la conversation. Cette fois, jouez le rôle de M. Charlet et répondez aux questions du policier. Pour répondre aux questions, regardez le dessin dans votre cahier. Répondez après le signal sonore.

PARTIE 2

LANGUE ET COMMUNICATION

Pratique orale 1 Vous allez entendre une série de questions. Écoutez bien chaque question et répondez en utilisant les expressions du cahier. D'abord, écoutez le modèle.

▶ dîner

Qu'est-ce que vous faisiez quand le téléphone a sonné?
Quand le téléphone a sonné, nous dînions.

1. promener mon chien
2. être au cinéma
3. faire ses devoirs
4. prendre un bain de soleil
5. être dans le magasin

6. regarder la télévision
7. téléphoner à une amie
8. aller chez des copains
9. dormir
10. se promener dans les bois

Pratique orale 2 Vous allez entendre une histoire imaginaire racontée au passé simple. D'abord, écoutez bien l'histoire jusqu'à la fin. Ensuite, écoutez chaque phrase avec un verbe au passé simple et transformez-la au passé composé. D'abord, écoutez l'histoire.

•••

Maintenant, transformez chaque phrase au passé composé. D'abord, écoutez le modèle.

▶ Un jour, un jeune homme alla se promener dans la forêt.
Un jour, un jeune homme est allé se promener dans la forêt.

UNITÉ 4 — *Aspects de la vie quotidienne* ·······················

PARTIE 1

LE FRANÇAIS PRATIQUE: *Comment faire des achats*

1. Compréhension orale Vous allez entendre une conversation. Ensuite, vous allez écouter une série de phrases concernant cette conversation. D'abord, écoutez la conversation.

• • •

Écoutez de nouveau la conversation.

• • •

Maintenant, écoutez bien chaque phrase et marquez dans votre cahier si elle est vraie ou fausse. Vous allez entendre chaque phrase deux fois.

	vrai	faux		vrai	faux
1.	☐	☐	6.	☐	☐
2.	☐	☐	7.	☐	☐
3.	☐	☐	8.	☐	☐
4.	☐	☐	9.	☐	☐
5.	☐	☐	10.	☐	☐

2. Réponses logiques Vous allez entendre une série de questions. Pour chaque question la réponse est incomplète. Dans votre cahier, marquez d'un cercle le mot ou l'expression qui complète la réponse le plus logiquement. D'abord, écoutez le modèle.

▶ Où vas-tu pour envoyer cette lettre?
  Je vais . . .
  a. à la papeterie   (b.) à la poste   c. à la librairie

1.	a. au photographe	b. à la papeterie	c. à la pharmacie
2.	a. un stylo à bille	b. du détergent	c. des mouchoirs en papier
3.	a. chez le photographe	b. chez le pharmacien	c. au café
4.	a. je veux du papier	b. du scotch	c. c'est tout, merci
5.	a. lire un livre	b. acheter des timbres	c. écrire une lettre
6.	a. du Sopalin	b. un tube d'aspirine	c. des élastiques
7.	a. de timbres	b. d'une pellicule	c. une boîte d'allumettes
8.	a. un bloc	b. un rouleau	c. une pelote
9.	a. Ça fait 50 francs.	b. Vous devez faire des achats.	c. Un tube de colle.
10.	a. Donnez-m'en un rouleau	b. Donnez-m'en cinq	c. Donnez-m'en un tube
11.	a. au rayon «produits de la maison»	b. au rayon «légumes»	c. à la caisse
12.	a. de l'ouate	b. un aérogramme	c. des trombones
13.	a. un colis	b. une boîte d'allumettes	c. une bouteille de shampooing
14.	a. Prêtez-moi	b. Donnez-moi	c. Commandez-moi
15.	a. de la colle	b. du papier hygiénique	c. de l'eau de toilette

Listening/Speaking

UNITÉ 4

Nom _____

3. Questions Vous allez entendre une série de questions. Regardez les dessins dans votre cahier et répondez aux questions. D'abord, écoutez le modèle.

▶ Qu'est-ce que tu as acheté à la pharmacie?
J'ai acheté un tube d'aspirine.

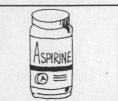

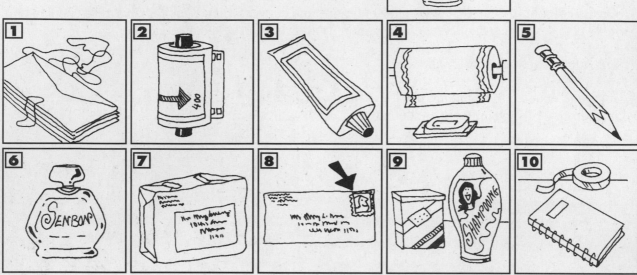

4. Instructions Vous allez entendre une conversation. Écoutez bien et écrivez dans votre cahier la liste des achats que Yann et Clara doivent faire. Pour chaque article que Yann et Clara vont acheter, vous devez marquer la quantité nécessaire. Vous allez écouter cette conversation deux fois.
• • •
Écoutez de nouveau la conversation.

• *Photographe*
_____
_____

• *Pharmacie*
_____
_____

• *Supérette*
_____
_____

PARTIE **1**

LANGUE ET COMMUNICATION

Pratique orale 1 Louise vient d'aller faire des achats. Regardez sa liste dans votre cahier et répondez aux questions. Utilisez les pronoms **y** ou **en** dans vos réponses. D'abord, écoutez les modèles.

▶ Est-ce que Louise est allée à la papeterie?
Oui, elle y est allée.

▶ Est-ce qu'elle a acheté du scotch?
Oui, elle en a acheté un rouleau.

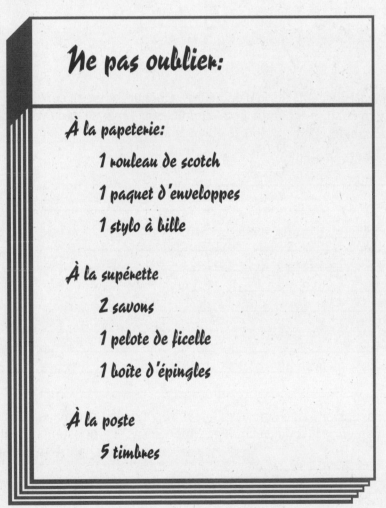

Ne pas oublier:

À la papeterie:
> *1 rouleau de scotch*
> *1 paquet d'enveloppes*
> *1 stylo à bille*

À la supérette
> *2 savons*
> *1 pelote de ficelle*
> *1 boîte d'épingles*

À la poste
> *5 timbres*

Listening/Speaking

UNITÉ 4

Pratique orale 2 Vous allez entendre une série de questions. Dans chaque question, vous allez entendre un adjectif indéfini de quantité. Répondez à ces questions en utilisant les pronoms indéfinis de quantité correspondants. D'abord, écoutez le modèle.

▶ Est-ce que tu as envoyé quelques cartes postales?
Oui, j'en ai envoyé quelques-unes.

PARTIE 2

LE FRANÇAIS PRATIQUE: *Au salon de coiffure*

1. Compréhension orale Vous allez entendre une conversation. Ensuite, vous allez écouter une série de phrases concernant cette conversation. D'abord, écoutez la conversation.

• • •

Écoutez de nouveau la conversation.

• • •

Maintenant, écoutez bien chaque phrase et marquez dans votre cahier si elle est vraie ou fausse. Vous allez entendre chaque phrase deux fois.

	vrai	faux			vrai	faux
1.	☐	☐		6.	☐	☐
2.	☐	☐		7.	☐	☐
3.	☐	☐		8.	☐	☐
4.	☐	☐		9.	☐	☐
5.	☐	☐		10.	☐	☐

2. Échanges Vous allez entendre une série d'échanges. Chaque échange consiste en une question et une réponse. Écoutez bien chaque échange, puis complétez la réponse dans votre cahier. Vous allez entendre chaque réponse deux fois. D'abord, écoutez le modèle.

▶ Est-ce que tu es libre cet après-midi?

   Non, je dois aller _au salon de coiffure_____.

1. Je voudrais qu'il me fasse _____.

2. Oui, madame, _____.

3. Non, je voudrais _____.

4. Non merci, _____.

5. _____.

6. Non, dégagez-les _____.

7. Oui, mais _____.

8. Oui, le coiffeur m'a fait _____.

9. Oui, mais d'abord je dois vous faire _____.

10. Non, un shampooing et _____.

3. Situation Vous allez participer à une conversation en répondant à certaines questions. D'abord, écoutez la conversation incomplète jusqu'à la fin. Ne répondez pas aux questions. Écoutez.

• • •

Écoutez de nouveau la conversation. Cette fois, jouez le rôle de Madame Gardon et répondez aux questions de la caissière. Pour répondre aux questions, regardez les informations dans votre cahier. Répondez après le signal sonore.

✛ **JEAN-JACQUES — HAUTE-COIFFURE** ✛

Client(e):	*Madame Gardon*
Coiffeur/Coiffeuse:	*Nathalie*

SERVICES:		TARIFS
shampooing	✔	5€
coupe	✔	20€
mise en pli	✔	10€
coupe-brushing		
permanente		
TOTAL À PAYER		35€

Nom _____

PARTIE 2

LANGUE ET COMMUNICATION

Pratique orale 1 Vous allez entendre une série de questions. Écoutez bien chaque question et regardez dans votre cahier si vous devez y répondre affirmativement ou négativement. Utilisez dans chaque réponse le pronom qui convient. D'abord, écoutez le modèle.

▶ non

Est-ce que tu regardes souvent la télévision?
Non, je ne la regarde pas souvent.

1. oui	3. non	5. non	7. non	9. oui
2. oui	4. oui	6. non	8. oui	10. oui

Pratique orale 2 Julien est gentil. Il prête souvent ses affaires. Mais pas toujours! Vous allez entendre certaines personnes demander à Julien s'il veut bien leur prêter quelque chose. Jouez le rôle de Julien et dites si vous leur prêtez ou non les choses qu'ils demandent. Pour répondre, regardez les indications dans votre cahier. D'abord, écoutez le modèle.

▶ oui

Julien, est-ce que tu peux me prêter ton vélo?
Oui, je te le prête.

1. oui	3. oui	5. oui	7. oui	9. oui
2. non	4. non	6. oui	8. non	10. oui

PARTIE 2

LE FRANÇAIS PRATIQUE: *Services*

1. Compréhension orale Vous allez entendre une conversation. Ensuite, vous allez écouter une série de phrases concernant cette conversation. D'abord, écoutez la conversation.

• • •

Écoutez de nouveau la conversation.

• • •

Maintenant, écoutez bien chaque phrase et marquez dans votre cahier si elle est vraie ou fausse. Vous allez entendre chaque phrase deux fois.

	vrai	faux		vrai	faux
1.	☐	☐	6.	☐	☐
2.	☐	☐	7.	☐	☐
3.	☐	☐	8.	☐	☐
4.	☐	☐	9.	☐	☐
5.	☐	☐	10.	☐	☐

Listening/Speaking

UNITÉ 4

2. Minidialogues

MINIDIALOGUE 1 Vous allez entendre deux dialogues. Après chaque dialogue, vous allez écouter une série de questions. Chaque dialogue et chaque question vont être répétés. D'abord, écoutez le premier dialogue.

• • •

Écoutez de nouveau le dialogue.

• • •

Maintenant, écoutez bien chaque question et marquez d'un cercle dans votre cahier la réponse que vous trouvez la plus logique.

1. a. Au magasin de chaussures.   b. Chez le cordonnier.   c. À la poste.
2. a. Il faut changer les talons.   b. Il veut les colorer en vert.   c. Elles sont réparées.
3. a. À cinq heures.   b. Elle ne travaille pas ce matin.   c. À dix heures.
4. a. Chez le photographe.   b. À la maison.   c. Chez le teinturier.
5. a. Elle n'est pas jolie.   b. Il y a une grosse tache.   c. Elle est noire.
6. a. D'ici trois jours.   b. Tout à l'heure.   c. Dans trois semaines.

MINIDIALOGUE 2 Maintenant, écoutez le second dialogue.

• • •

Écoutez de nouveau le dialogue.

• • •

Maintenant, écoutez bien chaque question et marquez d'un cercle dans votre cahier la réponse que vous trouvez la plus logique.

1. a. De nettoyer une robe.   b. De nettoyer ses chaussures.   c. De garder la robe.
2. a. Un fruit.   b. La teinturière.   c. Une tache.
3. a. Parce que l'étoffe est très fragile.   b. Parce qu'elle est sale.   c. Parce qu'il y a un bijou dessus.
4. a. De laver la robe.   b. De porter la robe avec une veste.   c. De manger des fruits.

3. Conversation Vous allez entendre une conversation. Écoutez bien cette conversation, puis répondez oralement aux questions posées. D'abord, écoutez la conversation.

• • •

Écoutez de nouveau la conversation.

• • •

Maintenant, répondez oralement aux questions suivantes. Vous allez entendre chaque question deux fois.

PARTIE 2

LANGUE ET COMMUNICATION

Pratique orale Vous allez entendre certaines personnes vous expliquer leur problème. Écoutez bien chaque phrase et dites à chaque personne ce qu'elle doit faire. Utilisez les expressions de votre cahier à l'impératif. Soyez logique! D'abord, écoutez le modèle.

▶ Mes lunettes sont cassées.
  Fais-les réparer.

EXPRESSIONS:
changer	nettoyer
couper	réparer
développer	tondre
laver	

UNITÉ 5 | *Bon voyage!* ·······························

PARTIE 1

LE FRANÇAIS PRATIQUE: *Les voyages*

1. Compréhension orale Vous allez entendre Élise, une jeune Française, vous parler de ses projets de vacances. Ensuite, vous allez écouter une série de phrases concernant ces projets. D'abord, écoutez ce que dit Élise.

• • •

Écoutez de nouveau ce que dit Élise.

• • •

Maintenant, écoutez bien chaque phrase et marquez dans votre cahier si elle est vraie ou fausse. Vous allez entendre chaque phrase deux fois.

	vrai	faux			vrai	faux
1.	☐	☐		6.	☐	☐
2.	☐	☐		7.	☐	☐
3.	☐	☐		8.	☐	☐
4.	☐	☐		9.	☐	☐
5.	☐	☐		10.	☐	☐

2. Réponses logiques Vous allez entendre une série de questions. Pour chaque question, la réponse est incomplète. Dans votre cahier marquez d'un cercle le mot ou l'expression qui complète la réponse le plus logiquement. D'abord, écoutez le modèle.

▶ Qu'est-ce que tu aimes faire pendant les vacances?
   J'aime . . .

   a. **mes deux chats**   (b.) **voyager**   c. **aller au lycée**

1. a. à l'étranger   b. au supermarché   c. manger

2. a. au Mexique   b. à la discothèque   c. au village

3. a. mes amis   b. une cathédrale   c. le Portugal

4. a. apprendre l'anglais   b. faire un séjour   c. skier

5. a. en Australie   b. aux Canaries   c. en Angleterre

6. a. une pièce d'identité b. ses amis   c. ses bagages

7. a. à la cafétéria   b. à la douane   c. à la boutique de souvenirs

8. a. un pique-nique   b. un sac à dos   c. le train

9. a. un passeport   b. un chapeau   c. une valise

10. a. les déclarer   b. les donner au douanier c. les cacher

Listening/Speaking

UNITÉ
5

Nom _____

3. Échanges Vous allez entendre une série d'échanges. Chaque échange consiste en une question et une réponse. Écoutez bien chaque échange, puis complétez la réponse dans votre cahier. Vous allez entendre chaque réponse deux fois. D'abord, écoutez le modèle.

▶ Où es-tu allé en vacances?

   Je suis allé ___aux États-Unis_____.

1. J'aimerais bien _____.

2. Non, moi, je prends juste _____.

3. Non, ils n'avaient rien _____.

4. Oui, ils vont faire _____.

5. Il a perdu _____.

6. Oui, il est _____.

7. Nous aimerions beaucoup _____.

8. Nous avons _____.

9. _____.

10. On les contrôle _____.

4. Questions Vous allez entendre une série de questions. Regardez le dessin dans votre cahier et répondez aux questions. D'abord, écoutez le modèle.

▶ Où es-tu allé en vacances?
   Je suis allé aux États-Unis.

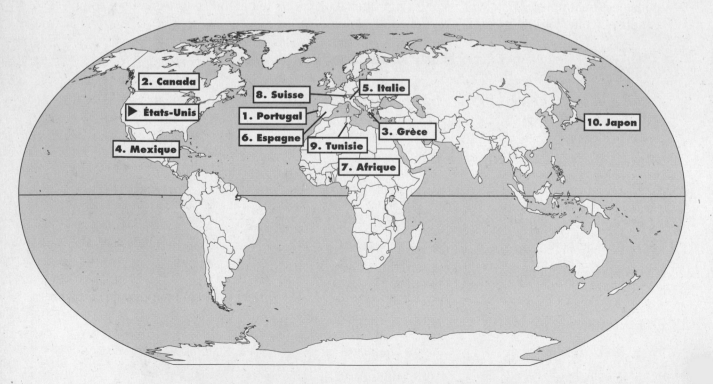

5. Minidialogues

MINIDIALOGUE 1 Vous allez entendre deux dialogues. Après chaque dialogue, vous allez écouter une série de questions. D'abord, écoutez le premier dialogue.

• • •

Écoutez de nouveau le dialogue.

• • •

Maintenant, écoutez bien chaque question et marquez d'un cercle dans votre cahier la réponse que vous trouvez la plus logique.

1. a. Parce qu'elle n'aime pas le Canada.
   b. Parce qu'elle n'a pas de vacances.
   c. Parce qu'elle n'a pas assez d'argent.

2. a. La Grèce.
   b. Le Canada.
   c. La France.

3. a. Tous les jours.
   b. Toutes les vacances.
   c. Tous les weekends.

4. a. Quatre personnes.
   b. Deux personnes.
   c. Aucune.

MINIDIALOGUE 2 Maintenant, écoutez le second dialogue.

• • •

Écoutez de nouveau le dialogue.

• • •

Maintenant, écoutez bien chaque question et marquez d'un cercle dans votre cahier la réponse que vous trouvez la plus logique.

1. a. Ça a été formidable.
   b. Ça a été une catastrophe.
   c. Ça a été bien.

2. a. En Italie.
   b. Dans le métro.
   c. À l'aéroport.

3. a. Ils sont partis sans elle.
   b. Ils sont perdus dans le métro.
   c. Ils sont à l'aéroport.

4. a. À l'hôpital.
   b. Dans l'escalier.
   c. À l'aéroport.

PARTIE 1

LANGUE ET COMMUNICATION

Pratique orale 1 Vous allez entendre une série de phrases concernant un accident qui a eu lieu *(took place)* près de chez vous. Vous allez contredire *(contradict)* chacune de ces phrases en commençant votre phrase par **Moi, je . . .** Utilisez les expressions négatives dans votre cahier. D'abord, écoutez le modèle.

▶ rien

Cinq personnes ont vu l'accident.
Moi, je n'ai rien vu.

1. rien
2. personne
3. ni . . . ni
4. rien
5. aucune
6. nulle part
7. rien
8. aucune

Pratique orale 2 Vous allez entendre une série de questions posées au passage à la douane. Répondez à ces questions en employant **ne . . . que** et les expressions suggérées dans votre cahier. Soyez logique! D'abord, écoutez le modèle.

▶ Est-ce que vous parlez allemand?
Non, je ne parle que français.

EXPRESSIONS:		
cent francs	mon passeport	une montre
français	un an	une semaine
Genève	un bagage à main	une valise

PARTIE 2

LE FRANÇAIS PRATIQUE: *Partons en voyage*

1. Compréhension orale Vous allez entendre une conversation entre deux amis, Luc et Jacques. Ensuite, vous allez écouter une série de phrases concernant cette conversation. D'abord, écoutez la conversation.

• • •

Écoutez de nouveau la conversation.

• • •

Maintenant, écoutez bien chaque phrase et marquez dans votre cahier si elle est vraie ou fausse. Vous allez entendre chaque phrase deux fois.

	vrai	faux			vrai	faux
1.	☐	☐		6.	☐	☐
2.	☐	☐		7.	☐	☐
3.	☐	☐		8.	☐	☐
4.	☐	☐		9.	☐	☐
5.	☐	☐		10.	☐	☐

2. Réponses logiques Vous allez entendre une série de questions. Pour chaque question, la réponse est incomplète. Dans votre cahier, marquez d'un cercle le mot ou l'expression qui complète la réponse le plus logiquement. D'abord, écoutez le modèle.

▶ Où vas-tu pour organiser ton voyage?
Je vais . . .

    a. à la pharmacie   **b. au marché**   ⓒ **à l'agence de voyages**

1. a. mon billet	b. des cours de français	c. des cartes postales
2. a. avec Louise et sa sœur	b. en train	c. à skis
3. a. en deuxième classe	b. en classe de maths	c. à skis
4. a. grand fumeurs	b. non-fumeur	c. rouge
5. a. toujours en retard	b. toujours prêts	c. toujours à l'heure
6. a. que le train est vide	b. que je serai libre	c. qu'il y a de la place
7. a. près du moteur	b. près de la fenêtre	c. près des toilettes
8. a. passer à la douane	b. donner son passeport	c. composter le billet
9. a. en avion	b. en métro	c. à pied
10. a. en classe spéciale	b. en classe touriste	c. en classe gratuite
11. a. l'avion est rapide	b. le voyage est terminé	c. le vol est direct
12. a. confirmer sa réservation	b. acheter son billet	c. partir en avion
13. a. téléphoner	b. louer une voiture	c. prendre l'avion
14. a. arriver à l'aéroport en avance	b. prendre le train	c. composter son billet
15. a. les enregistrer	b. les perdre	c. les poster

Nom _____

3. Conversation Vous allez entendre une conversation. Écoutez bien cette conversation, puis répondez aux questions posées. D'abord, écoutez la conversation.

• • •

Écoutez de nouveau la conversation.

• • •

Maintenant, répondez oralement aux questions suivantes. Vous allez entendre chaque question deux fois.

4. Instructions Vous allez entendre une conversation entre Élisabeth Lubin et un agent de voyage. Vous allez écouter cette conversation deux fois. Écoutez bien et complétez la fiche de réservation dans votre cahier.

• • •

Écoutez de nouveau la conversation.

✈ **FICHE DE RÉSERVATION** ✈

Date de réservation: _____

Nom(s): _____

Destination: _____ **Date du voyage:** _____

Compagnie aérienne: _____ **N° de vol:** _____

Section: _____

Aéroport de départ: _____ **Heure de départ:** _____

Prix: _____ **Mode de paiement:** _____

---

5. Situation Vous allez participer à une conversation en répondant à certaines questions. D'abord, écoutez la conversation incomplète jusqu'à la fin. Ne répondez pas aux questions. Écoutez.

• • •

Écoutez de nouveau la conversation. Cette fois, jouez le rôle de l'employé de l'agence de voyage et répondez aux questions de Lisa. Pour répondre aux questions, regardez les informations dans votre cahier. Répondez après le signal sonore.

★ ★ ★ ★ **UN WEEKEND À VENISE** ★ ★ ★ ★
avec
AIR FRANCE

PRIX SPÉCIAL CARNAVAL!

aller et retour en avion:
Tarif spécial pour les jeunes de moins de 25 ans!

✈ **Départ de Paris le vendredi 27 janvier à 17h30 sur
le vol Air France 654 — Arrivée à 19h10**

✈ **Retour le dimanche 29 janvier à 20h05 sur le vol
Air France 627 — Arrivée à 21h45**

*Prix du billet: 250€**

*Tarif spécial jeunes

Nom _____

PARTIE 2

LANGUE ET COMMUNICATION

Pratique orale 1 Vous allez entendre une série de questions concernant les projets de plusieurs personnes. Jouez le rôle de ces personnes et répondez aux questions. Utilisez le futur et les expressions dans votre cahier. D'abord, écoutez le modèle.

▶ voyager au Brésil

Cette année, nous avons voyagé en Italie.
Et l'année prochaine?
L'année prochaine, nous voyagerons au Brésil.

1. aller au Maroc
2. faire beau
3. avoir plus de temps libre
4. être gentille
5. appeler mes grands-parents

6. pouvoir venir
7. acheter un ordinateur
8. venir avec nous à la piscine
9. finir tout
10. voir mon oncle et ma tante

Pratique orale 2 Vous allez entendre une série de questions. Répondez à ces questions. Commencez vos réponses par **si, quand** ou **dès que**. Utilisez les expressions dans votre cahier. Faites attention de bien utiliser le futur quand il le faut, et soyez logique! D'abord, écoutez le modèle.

▶ aller à la piscine

Qu'est-ce que nous ferons quand les cours seront finis?
Quand les cours seront finis, nous irons à la piscine.

1. se lever tard tous les jours
2. aller en voyage au Portugal
3. faire un pique-nique
4. aller au stade
5. prendre le train

6. acheter des jeans et des disques laser
7. rester à la maison
8. chercher un hôtel
9. composter son billet
10. envoyer des cartes postales à tous ses amis

Pratique orale 3 Vous allez entendre une série de phrases concernant plusieurs personnes. Dites ce qui se passerait si leur situation était différente. Utilisez les expressions dans votre cahier. D'abord, écoutez le modèle.

▶ aller au Sénégal

Cette année, Marc n'a pas de vacances.
S'il avait des vacances, il irait au Sénégal.

1. acheter une voiture neuve
2. réussir à ses examens
3. faire plus de sport
4. aller au stade avec ses amis
5. partir à la campagne pour quelques jours

6. être plus heureux
7. rater le train
8. ne pas avoir d'amende
9. sortir moins souvent
10. pouvoir faire des grands voyages

Nom _____

Classe _____ Date _____

UNITÉ 6 *Séjour en France* ··································

PARTIE 1

LE FRANÇAIS PRATIQUE: *À l'hôtel*

1. Compréhension orale Vous allez entendre la description d'un hôtel. Ensuite, vous allez écouter une série de phrases concernant cette description. D'abord, écoutez la description.

• • •

Écoutez de nouveau la description.

• • •

Maintenant, écoutez bien chaque phrase et marquez dans votre cahier si elle est vraie ou fausse. Vous allez entendre chaque phrase deux fois.

	vrai	faux			vrai	faux
1.	☐	☐		6.	☐	☐
2.	☐	☐		7.	☐	☐
3.	☐	☐		8.	☐	☐
4.	☐	☐		9.	☐	☐
5.	☐	☐		10.	☐	☐

2. Réponses logiques Vous allez entendre une série de questions. Pour chaque question la réponse est incomplète. Dans votre cahier, marquez d'un cercle le mot ou l'expression qui complète la réponse le plus logiquement. D'abord, écoutez le modèle.

▶ Bonjour, vous désirez?
   Je voudrais . . .

	a. bien	b. pour une personne	(c.) réserver une chambre
1.	a. un ascenseur	b. une auberge de jeunesse	c. une piscine
2.	a. les hôtels de luxe	b. une chambre à deux lits	c. l'air conditionné
3.	a. à la campagne	b. à la piscine	c. à la réception
4.	a. spacieux	b. bruyant	c. bon marché
5.	a. une carte de crédit	b. une clé	c. une semaine
6.	a. une salle d'exercices	b. l'air conditionné	c. une belle vue
7.	a. en espèces	b. jusqu'à mardi	c. à deux lits
8.	a. une chambre avec douche	b. une piscine	c. une auberge
9.	a. la demi-pension	b. un service dans les chambres	c. le téléphone
10.	a. avec des chèques de voyage	b. moins chère	c. une semaine
11.	a. télévision	b. balcon	c. clé
12.	a. à un lit	b. jusqu'au 3 juillet	c. par chèque
13.	a. avec la pension complète	b. plus calme	c. moins chère
14.	a. deux nuits	b. une personne	c. un balcon
15.	a. spacieuse et confortable	b. avec une carte de crédit	c. une belle vue

3. Questions Vous allez entendre une série de questions. Regardez les dessins dans votre cahier et répondez aux questions. D'abord, écoutez le modèle.

▶    Tu dois aller . . .   Où est-ce que je dois aller pour réserver une chambre?
Tu dois aller à la réception.

1.

Je cherche . . .

2.

Oui, il y a . . .

3.

Non, il y a . . .

4.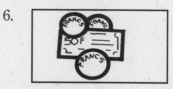

Non, il y a . . .

5.

Je vais payer . . .

6.

Elle va payer . . .

7.

Nous voulons une chambre . . .

8.

Non, il y a . . .

9.

On peut prendre des bains de soleil sur . . .

10.

Non, je veux une chambre avec . . .

4. Conversation Vous allez entendre une conversation entre M. Lévy et la réceptionniste de l'Hôtel du Château. Écoutez bien cette conversation, puis répondez oralement aux questions posées. D'abord, écoutez la conversation.

• • •

Écoutez de nouveau la conversation.

• • •

Maintenant, répondez oralement aux questions suivantes. Vous allez entendre chaque question deux fois.

Nom _____

5. Situation Vous allez participer à une conversation en répondant à certaines questions. D'abord, écoutez la conversation incomplète jusqu'à la fin. Ne répondez pas aux questions. Écoutez.

• • •

Écoutez de nouveau la conversation. Cette fois, jouez le rôle de Richard et répondez aux questions de Denis. Pour répondre aux questions, regardez le dessin dans votre cahier. Répondez après le signal sonore.

PARTIE **1**

LANGUE ET COMMUNICATION

Pratique orale 1 Vous allez entendre une série de questions. Écoutez bien chaque question et répondez en comparant la ville et la campagne. Soyez logique! D'abord, écoutez les modèles.

▶ À la ville, les gens sont souvent énervés. Et à la campagne?
   À la campagne, les gens sont moins énervés.

▶ À la campagne, il ne faut pas beaucoup d'argent pour se loger. Et à la ville?
   À la ville, il faut plus d'argent pour se loger.

Pratique orale 2 Vous allez entendre une série de phrases concernant certaines personnes dans votre groupe d'amis. Écoutez bien chaque phrase et parlez d'une autre personne, qui est indiquée dans votre cahier. Utilisez le superlatif. D'abord, écoutez le modèle.

▶ Paul

   Marie est vraiment gentille.
   Oui, mais c'est Paul qui est le plus gentil.

1. Marc
2. Laura
3. Jacques
4. Olivier
5. Simon

6. Stéphanie
7. Henri
8. Catherine
9. Lina
10. Virginie

PARTIE 2

LE FRANÇAIS PRATIQUE: *Services à l'hôtel*

1. Compréhension orale Vous allez entendre une conversation dans un hôtel. Ensuite, vous allez écouter une série de phrases concernant cette conversation. D'abord, écoutez la conversation.

• • •

Écoutez de nouveau la conversation.

• • •

Maintenant, écoutez bien chaque phrase et marquez dans votre cahier si elle est vraie ou fausse. Vous allez entendre chaque phrase deux fois.

	vrai	faux			vrai	faux
1.	☐	☐		6.	☐	☐
2.	☐	☐		7.	☐	☐
3.	☐	☐		8.	☐	☐
4.	☐	☐		9.	☐	☐
5.	☐	☐		10.	☐	☐

2. Échanges Vous allez entendre une série d'échanges. Chaque échange consiste en une question et une réponse. Écoutez bien chaque échange, puis complétez la réponse dans votre cahier. Vous allez entendre chaque réponse deux fois. D'abord, écoutez le modèle.

▶ Ici la réception, vous désirez?

Est-qu'on peut me ___*servir le petit déjeuner*_____ **maintenant?**

1. Oui, il faut _____.

2. Oui, _____, s'il te plaît.

3. Oui, j'ai froid. J'ai besoin _____.

4. Je l'ai mise _____.

5. Oui, demandez à _____.

6. Oui, _____, s'il vous plaît.

7. Bien sûr, _____.

8. Oui, passe-moi _____, s'il te plaît.

9. Je voudrais qu'on _____.

10. _____ dans ma chambre.

3. Minidialogues

MINIDIALOGUE 1 Vous allez entendre deux dialogues. Après chaque dialogue, vous allez écouter une série de questions. D'abord, écoutez le premier dialogue.

• • •

Écoutez de nouveau le dialogue.

• • •

Maintenant, écoutez bien chaque question et marquez d'un cercle dans votre cahier la réponse que vous trouvez la plus logique.

1. a. Un oreiller.   b. Un porte-manteau.   c. Une couverture.

2. a. De baisser le chauffage.   b. De mettre le chauffage.   c. D'appeler un taxi.

3. a. Quatre fois.   b. Trois fois.   c. Deux fois.

4. a. Une serviette.   b. Un autre oreiller.   c. Son petit déjeuner.

5. a. Qu'il va bien dormir.   b. Qu'il va baisser le chauffage.   c. Qu'il ne va pas rester longtemps.

MINIDIALOGUE 2 Maintenant, écoutez le second dialogue.

• • •

Écoutez de nouveau le dialogue.

• • •

Maintenant, écoutez bien chaque question et marquez d'un cercle dans votre cahier la réponse que vous trouvez la plus logique.

1. a. Dans la chambre 73.   b. Dans la chambre 113.   c. Dans la chambre 76.

2. a. Parce qu'il va partir demain.   b. Parce qu'il doit partir ce matin.   c. Parce que l'hôtel va fermer.

3. a. Descendre les bagages.   b. Mettre le chauffage.   c. Servir le petit déjeuner.

4. a. De porter ses bagages.   b. De téléphoner au standard.   c. De lui appeler un taxi.

5. a. Dans un instant.   b. Dans une heure.   c. Demain matin.

4. Instructions Annabelle, une femme de chambre de l'hôtel Chandor, a beaucoup de travail ce matin. Vous allez entendre deux fois ce que le gérant, M. Bellambre, dit à Annabelle. Écoutez bien et inscrivez dans votre cahier toutes les choses qu'Annabelle doit faire ce matin.

• • •

Écoutez de nouveau les instructions de M. Bellambre.

ANNABELLE — TRAVAIL À EFFECTUER				
numéro de la chambre	**13**	**14**	**15**	**16**	**17**
choses qu'Annabelle doit faire					

Listening/Speaking

UNITÉ 6

PARTIE 2

LANGUE ET COMMUNICATION

Pratique orale 1 Vous allez entendre une série de phrases. Dans chaque phrase, une amie vous parle de certaines choses. Demandez-lui ses préférences. Pour répondre, utilisez chaque fois un pronom interrogatif et les informations de votre cahier. D'abord, écoutez le modèle.

▶ tu vas regarder

Il y a deux films très intéressants à la télé ce soir.
Lequel vas-tu regarder?

1. tu préfères
2. tu as besoin (de)
3. tu vas inviter
4. tu vas aller (à)
5. tu vas acheter
6. tu vas manger
7. tu as envie (de)
8. tu vas assister (à)

Pratique orale 2 Vous allez entendre certaines personnes dire qu'elles aiment bien certaines choses. Dites que vous préférez la chose qui est indiquée dans votre cahier. Chaque fois, utilisez le pronom démonstratif approprié. D'abord, écoutez le modèle.

▶ la robe de Stéphanie

J'aime bien la robe de Catherine.
Moi, je préfère celle de Stéphanie.

1. les boucles d'oreille de Camille
2. ce CD-là
3. la séance de 20 heures
4. les filles qui ont les cheveux courts
5. ces chaussures-là
6. les gens qui sont calmes
7. le pantalon que porte Luc
8. le climat de la Provence

Pratique orale 3 Vous allez entendre certaines personnes vous dire à qui sont certaines choses. Écoutez bien chaque phrase. Ensuite, dites que ces choses ne sont pas la propriété des personnes en question. D'abord, écoutez les modèles.

▶ Ce livre est à Jean-Jacques, n'est-ce pas?
Mais non, ce n'est pas le sien!

▶ Ces livres sont à Jean-Jacques, n'est-ce pas?
Mais non, ce ne sont pas les siens!

Nom _____

Classe _____ Date _____

UNITÉ 7 | *La forme et la santé* ·······························

PARTIE 1

LE FRANÇAIS PRATIQUE: *Une visite médicale*

1. Compréhension orale Vous allez entendre une conversation. Ensuite, vous allez écouter une série de phrases concernant cette conversation. D'abord, écoutez la conversation.

• • •

Écoutez de nouveau la conversation.

• • •

Maintenant, écoutez bien chaque phrase et marquez dans votre cahier si elle est vraie ou fausse. Vous allez entendre chaque phrase deux fois.

	vrai	faux			vrai	faux
1.	☐	☐		6.	☐	☐
2.	☐	☐		7.	☐	☐
3.	☐	☐		8.	☐	☐
4.	☐	☐		9.	☐	☐
5.	☐	☐		10.	☐	☐

2. Réponses logiques Vous allez entendre une série de questions. Pour chaque question, la réponse est incomplète. Dans votre cahier, marquez d'un cercle le mot ou l'expression qui complète la réponse le plus logiquement. D'abord, écoutez le modèle.

▶ Comment ça va?
   . . . très bien.

	a. J'aime	**b.** Je me porte	**c. Je tousse**
1.	a. à la tête	b. ce médicament	c. chez l'oculiste
2.	a. j'ai un rhume	b. je me sens bien	c. chez le médecin
3.	a. la rougeole	b. une douleur dans la jambe	c. de la fièvre
4.	a. j'ai de la fièvre	b. je suis en bonne santé	c. je vais chez le dentiste
5.	a. mal à la gorge	b. un rhume	c. la varicelle
6.	a. Je me sens bien.	b. J'ai pris rendez-vous.	c. J'ai pris ma température.
7.	a. se sent déprimée	b. va revenir	c. a la rougeole
8.	a. je tousse	b. j'ai mal à la gorge	c. j'ai mal au ventre
9.	a. malades	b. fatigués	c. en bonne santé
10.	a. je tousse beaucoup	b. deux fois par jour	c. j'ai un rendez-vous
11.	a. une radio	b. une douleur	c. des cachets
12.	a. une bronchite	b. un antibiotique	c. la pression

Nom _____

3. Instructions Vous allez entendre une conversation deux fois. Écoutez bien cette conversation. Ensuite, complétez la fiche médicale dans votre cahier.

. . .

Écoutez de nouveau la conversation.

```
------------ FICHE MÉDICALE ------------

  Nom du patient/de la patiente: _____

  Âge: _____

  Maladies infantiles: _____

  Symptômes: _____

  _____

  Recommandations: _____

  _____

  _____
```

4. Conversation Vous allez entendre une conversation. Écoutez bien cette conversation, puis répondez oralement aux questions posées. D'abord, écoutez la conversation.

. . .

Écoutez de nouveau la conversation.

. . .

Maintenant, répondez oralement aux questions suivantes. Vous allez entendre chaque question deux fois.

PARTIE 1

LANGUE ET COMMUNICATION

Pratique orale 1 Vous allez entendre une série de phrases. Si on vous parle d'un fait, confirmez-le en commençant votre phrase par **Oui, je sais que . . .** ; si on vous parle d'une obligation, confirmez-la en commençant votre phrase par **Oui, il faut que . . .** D'abord, écoutez les modèles.

▶ Nous allons en Espagne.
  Oui, je sais que vous allez en Espagne.

▶ Nous devons parler espagnol.
  Oui, il faut que vous parliez espagnol.

Pratique orale 2 Vous allez entendre une série de phrases concernant certaines personnes. Dites que d'autres personnes font la même chose. D'abord, écoutez le modèle.

▶ Martin se plaint tout le temps. Et Hélène et Jean?
Eux aussi, ils se plaignent tout le temps.

Pratique orale 3 Vous allez entendre une série de phrases concernant certains de vos amis. Ensuite, on va vous demander ce que pensent les parents de chaque situation. Pour répondre, utilisez les expressions de votre cahier. D'abord, écoutez le modèle.

▶ Michel est un bon élève. Que pensent ses parents?
Ils sont contents qu'il soit un bon élève.

1. être triste
2. être furieux
3. être ravi
4. avoir peur
5. déplorer
6. être fier
7. être content
8. être surpris

Pratique orale 4 Votre soeur fait toujours des compliments sur son amie Catherine. Écoutez ce qu'elle dit. Après chaque phrase, dites votre opinion en utilisant les expressions de doute et de certitude dans votre cahier. D'abord, écoutez le modèle.

▶ Il est certain que . . .

Catherine est très jolie.
Il est certain qu'elle est très jolie.

1. Je ne suis pas sûr(e) que . . .
2. Je ne pense pas que . . .
3. Il est vrai que . . .
4. Je sais que . . .
5. Je ne crois pas que . . .
6. Je doute que . . .
7. Il est possible que . . .
8. Il est évident que . . .

Listening/Speaking

UNITÉ
7

Nom _____

PARTIE 2

LE FRANÇAIS PRATIQUE: *Accidents et soins dentaires*

1. Compréhension orale Vous allez entendre une conversation entre deux jeunes Français. Ensuite, vous allez écouter une série de phrases concernant cette conversation. D'abord, écoutez la conversation.

• • •

Écoutez de nouveau la conversation.

• • •

Maintenant, écoutez bien chaque phrase et marquez dans votre cahier si elle est vraie ou fausse. Vous allez entendre chaque phrase deux fois.

	vrai	faux		vrai	faux
1.	☐	☐	6.	☐	☐
2.	☐	☐	7.	☐	☐
3.	☐	☐	8.	☐	☐
4.	☐	☐	9.	☐	☐
5.	☐	☐	10.	☐	☐

2. Échanges Vous allez entendre une série d'échanges. Chaque échange consiste en une question et une réponse. Écoutez bien chaque échange, puis complétez la réponse dans votre cahier. Vous allez entendre chaque réponse deux fois. D'abord, écoutez le modèle.

▶ Cette femme est blessée?

   Oui, il faut la transporter _à l'hôpital_____.

1. Oui, elle _____ le genou.

2. Oui, je dois aller _____.

3. Oui, _____.

4. Parce que _____.

5. Parce que je dois vous _____.

6. Parce qu' _____.

7. Oui, on va me faire _____.

8. Oui, je vais te _____.

9. Oui, _____ en faisant la cuisine.

10. Il va me faire _____.

Nom _____

3. Questions Vous allez entendre une série de questions. Regardez les dessins dans votre cahier et répondez aux questions. D'abord, écoutez le modèle.

▶ Qu'est-ce qui est arrivé à Émilie?
Elle s'est foulé la cheville.

4. Minidialogues

MINIDIALOGUE 1 Vous allez entendre deux dialogues. Après chaque dialogue, vous allez écouter une série de questions. Chaque dialogue et chaque question vont être répétés. D'abord, écoutez le premier dialogue.

• • •

Écoutez de nouveau le dialogue.

• • •

Maintenant, écoutez bien chaque question et marquez d'un cercle dans votre cahier la réponse que vous trouvez la plus logique.

1. a. À la gorge.   b. À une dent.   c. À la tête.

2. a. Un plombage.   b. Une radio.   c. Une piqûre.

3. a. À l'épaule.   b. À une dent de sagesse. c. À l'hôpital.

4. a. Une carie.   b. Un plombage.   c. Une radio.

5. a. De vomir.   b. De se casser la dent.   c. D'avoir mal.

6. a. Un pansement.   b. Une piqûre de novocaïne. c. Des points de suture.

Listening/Speaking

UNITÉ
7

MINIDIALOGUE 2 Maintenant, écoutez le second dialogue.

• • •

Écoutez de nouveau le dialogue.

• • •

Maintenant, écoutez bien chaque question et marquez d'un cercle dans votre cahier la réponse que vous trouvez la plus logique.

1. a. Un plâtre.
   b. Des points de suture.
   c. Un gros pansement.

2. a. De l'escalade.
   b. De l'espagnol.
   c. Une promenade.

3. a. À l'hôpital.
   b. Chez le dentiste.
   c. Chez lui.

4. a. Une piqûre.
   b. Des radios.
   c. Des béquilles.

5. a. Au cou.
   b. Au coude.
   c. Au genou.

6. a. De se brûler et de se couper.
   b. De se casser la jambe.
   c. De se fouler le poignet.

5. Situation Vous allez participer à une conversation en répondant à certaines questions. D'abord, écoutez la conversation incomplète jusqu'à la fin. Ne répondez pas aux questions. Écoutez.

• • •

Écoutez de nouveau la conversation. Cette fois, jouez le rôle de l'infirmière et répondez aux questions du médecin. Pour répondre aux questions, regardez la fiche d'admission dans votre cahier. Répondez après le signal sonore.

HÔPITAL PIERRE CURIE

FICHE D'ADMISSION

Service des accidentés

DATE: 3 mai 1994

NOM DU PATIENT/DE LA PATIENTE:

Janine TRABERT

ÂGE: 75 ans

NUMÉRO DE CHAMBRE: 53

ÉTAT DU/DE LA MALADE: brûlures aux bras et à la jambe gauche — fracture du genou droit — blessure légère au front — pas de fièvre — tension normale

PREMIERS SOINS EFFECTUÉS: radio des genoux — pansement au front

PARTIE 2

LANGUE ET COMMUNICATION

Pratique orale Vous allez entendre certaines personnes dire que certaines choses sont arrivées. Dites que vous êtes **ravi(e)** ou **désolé(e)** que ces choses soient arrivées. Soyez logique. D'abord, écoutez le modèle.

▶ J'ai réussi à mon examen.
   Je suis ravi(e) que tu aies réussi à ton examen.

UNITÉ **8** *En ville* ••

PARTIE **1**

LE FRANÇAIS PRATIQUE: *Un rendez-vous en ville*

1. Compréhension orale Vous allez entendre une conversation entre deux jeunes Françaises. Ensuite, vous allez écouter une série de phrases concernant cette conversation. D'abord, écoutez la conversation.

• • •

Écoutez de nouveau la conversation.

• • •

Maintenant, écoutez bien chaque phrase et marquez dans votre cahier si elle est vraie ou fausse. Vous allez entendre chaque phrase deux fois.

	vrai	faux			vrai	faux
1.	☐	☐		6.	☐	☐
2.	☐	☐		7.	☐	☐
3.	☐	☐		8.	☐	☐
4.	☐	☐		9.	☐	☐
5.	☐	☐		10.	☐	☐

2. Échanges Vous allez entendre une série d'échanges. Chaque échange consiste en une question et une réponse. Écoutez bien chaque échange, puis complétez la réponse dans votre cahier. Vous allez entendre chaque réponse deux fois. D'abord, écoutez le modèle.

▶ Tu veux venir au ciné, ce soir?

Non, _j'ai un rendez-vous avec_ _____ **Pierre.**

1. Non, je regrette. _____.

2. Oui, _____ hier au stade.

3. Il se trouve _____, mademoiselle.

4. Oui, _____ à sept heures.

5. Tes clés? Attends . . . Je les ai vues _____.

6. Allons _____ ensemble.

7. Non, je n'oublie pas. _____, alors.

8. _____!

9. Non. _____ d'un garçon très sympa.

10. J'habite _____.

Nom _____

3. Conversation Vous allez entendre une conversation entre deux copains, Éric et Paul. Écoutez bien cette conversation, puis répondez aux questions posées.

• • •

Écoutez de nouveau la conversation.

• • •

Maintenant, répondez oralement aux questions suivantes. Vous allez entendre chaque question deux fois.

4. Instructions Vous allez entendre une conversation entre Robert et Jacqueline Lambert. Vous allez écouter cette conversation deux fois. Écoutez bien et notez les activités de chacun pour le weekend dans votre cahier.

• • •

Écoutez de nouveau la conversation.

SAMEDI		DIMANCHE	
8h		8h	
9h		9h	
10h		10h	
11h		11h	
12h		12h	
13h		13h	
14h		14h	
15h		15h	
16h		16h	
17h		17h	
18h		18h	
19h		19h	
20h		20h	

PARTIE 1

LANGUE ET COMMUNICATION

Pratique orale 1 Joël aimerait bien changer certaines choses dans sa vie. Écoutez ce qu'il aimerait faire ou avoir. Ensuite, jouez le rôle de Joël et transformez chaque phrase en commençant votre réponse par **Ah, si . . .** Utilisez l'imparfait dans vos phrases. D'abord, écoutez le modèle.

▶ Joël aimerait avoir plus d'argent.
  Ah, si j'avais plus d'argent!

Pratique orale 2 Vous allez entendre certaines personnes vous dire ce qu'elles ou d'autres personnes ont fait cet été. Demandez-leur si elles avaient fait les mêmes choses l'été d'avant. D'abord, écoutez le modèle.

▶ L'été dernier, je suis resté chez moi.
  Et l'été d'avant, tu étais resté chez toi aussi?

Nom _____

PARTIE 2

LE FRANÇAIS PRATIQUE: *Comment expliquer où on habite*

1. Compréhension orale Vous allez entendre la lettre que Stéphanie a écrite à sa correspondante américaine. Ensuite, vous allez écouter une série de phrases concernant cette lettre. D'abord, écoutez bien le texte de la lettre.

• • •

Écoutez de nouveau le texte de la lettre.

• • •

Maintenant, écoutez bien chaque phrase et marquez dans votre cahier si elle est vraie ou fausse. Vous allez entendre chaque phrase deux fois.

	vrai	faux			vrai	faux
1.	❑	❑		6.	❑	❑
2.	❑	❑		7.	❑	❑
3.	❑	❑		8.	❑	❑
4.	❑	❑		9.	❑	❑
5.	❑	❑		10.	❑	❑

2. Réponses logiques Vous allez entendre une série de questions. Pour chaque question, la réponse est incomplète. Dans votre cahier, marquez d'un cercle le mot ou l'expression qui complète la réponse le plus logiquement. D'abord, écoutez le modèle.

▶ Où est-ce que tu habites?
J'habite . . .

    a. le centre de loisirs   **(b.) dans la rue Victor Hugo**   **c. en taxi**

1. a. au musée   b. à pied   c. dans la banlieue
2. a. tout près   b. en bus   c. à cinq kilomètres
3. a. dans la banlieue   b. dans un immeuble   c. dans le quartier
4. a. à la bibliothèque   b. à pied   c. au centre-ville
5. a. il faut prendre le bus   b. à cent mètres   c. tout près
6. a. dans une tour   b. dans un quartier calme   c. dans un appartement
7. a. loin d'ici   b. dans une maison individuelle   c. à dix minutes à pied
8. a. à la station-service   b. chez le coiffeur   c. au centre sportif
9. a. au parc   b. à la poste   c. au centre commercial
10. a. jardins publics   b. bus   c. tours

UNITÉ 8

3. Questions Vous allez entendre une série de questions. Regardez le plan du quartier dans votre cahier pour répondre à ces questions. D'abord, écoutez le modèle.

▶ Où se trouve la mairie, s'il vous plaît?
À l'angle de la rue Albert Camus et de la rue de la Paix.

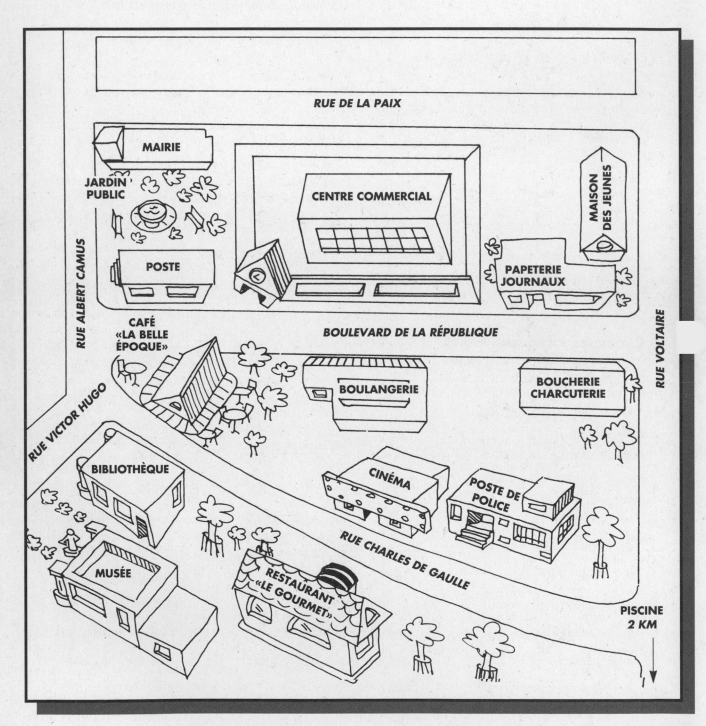

Nom _____

4. Minidialogues

MINIDIALOGUE 1 Vous allez entendre deux dialogues. Après chaque dialogue, vous allez écouter une série de questions. Chaque dialogue et chaque question vont être répétés. D'abord, écoutez le premier dialogue.

. . .

Écoutez de nouveau le dialogue.

. . .

Maintenant, écoutez bien chaque question et marquez d'un cercle dans votre cahier la réponse que vous trouvez la plus logique.

1. a. À la campagne.
   b. En ville.
   c. En bus.

2. a. À la poste et chez le teinturier.
   b. Au poste de police.
   c. Au centre commercial.

3. a. Au centre de loisirs.
   b. Au centre sportif.
   c. Au centre commercial.

4. a. À pied.
   b. En bus.
   c. À midi.

5. a. Au centre commercial.
   b. À la poste.
   c. Devant la pizzéria.

6. a. Près de la poste.
   b. Dans le centre commercial.
   c. À pied.

MINIDIALOGUE 2 Maintenant, écoutez le second dialogue.

. . .

Écoutez de nouveau le dialogue.

. . .

Maintenant, écoutez bien chaque question et marquez d'un cercle dans votre cahier la réponse que vous trouvez la plus logique.

1. a. Dans une maison individuelle.
   b. Dans la banlieue.
   c. Dans un appartement.

2. a. Dans une maison individuelle.
   b. Dans une tour.
   c. Dans un immeuble.

3. a. Oui, à dix kilomètres.
   b. Non, à dix minutes à pied.
   c. Non, mais il doit prendre le bus.

4. a. Il y a beaucoup de bruit.
   b. Il y a beaucoup de commerces.
   c. Il y a beaucoup de bus.

5. a. Il y a trop de bruit.
   b. Il y a trop d'enfants.
   c. Il n'y a pas de bus.

6. a. À pied.
   b. En métro.
   c. En bus.

5. Situation Vous allez participer à une conversation en répondant à certaines questions. D'abord, écoutez la conversation incomplète jusqu'à la fin. Ne répondez pas aux questions. Écoutez.

• • •

Écoutez de nouveau la conversation. Cette fois, jouez le rôle de la réceptionniste de l'hôtel Bonrepos et répondez aux questions du touriste. Pour répondre aux questions, regardez le plan de la ville dans votre cahier. Répondez après le signal sonore.

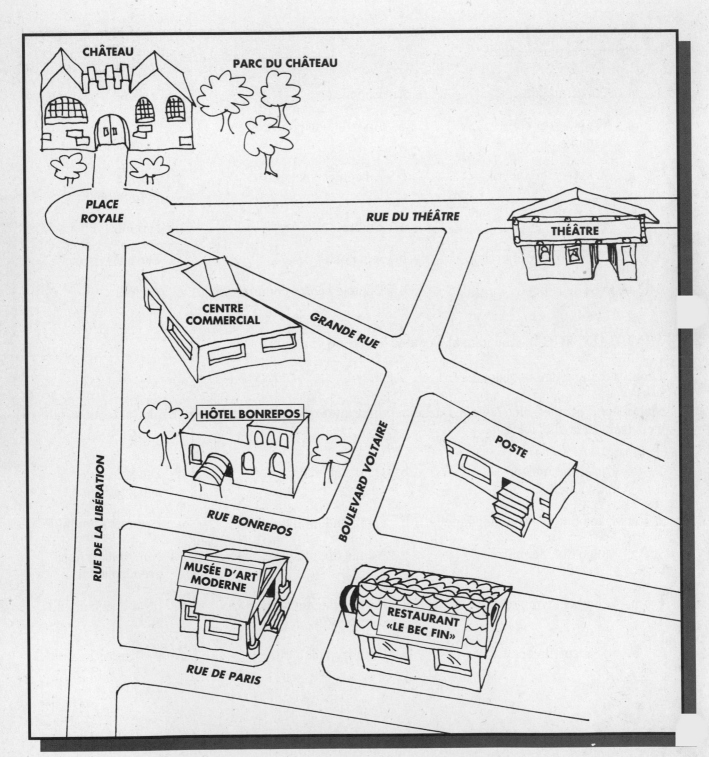

Nom _____

PARTIE 2

LANGUE ET COMMUNICATION

Pratique orale 1 Un ami va vous demander ce que vous feriez dans certaines situations. Répondez à ses questions en utilisant les informations dans votre cahier. D'abord, écoutez le modèle.

▶ visiter la Californie

Si tu allais aux États-Unis, quelle région voudrais-tu visiter?
Si j'allais aux États-Unis, je voudrais visiter la Californie.

1. faire de la planche à voile toute la journée

2. m'acheter un bateau

3. aller en Chine

4. visiter le Louvre

5. offrir des cadeaux à ma famille et à mes amis

6. en parler à mes parents

7. ne pas être fâché

8. choisir un ordinateur

9. venir avec plaisir

10. te téléphoner souvent

Pratique orale 2 Votre ami Olivier n'est pas très poli. Écoutez bien ce qu'il dit et transformez chacune de ses phrases en utilisant le conditionnel pour les rendre plus polies. D'abord, écoutez le modèle.

▶ Je veux un café.
Je voudrais un café.

PARTIE 3

LANGUE ET COMMUNICATION

Pratique orale 1 Vous allez entendre certaines personnes vous dire ce qu'elles ou d'autres personnes ont fait. Dites ce que vous auriez fait à la place de ces personnes. Pour répondre, utilisez les informations dans votre cahier. D'abord, écoutez le modèle.

▶ aller au concert

Hier, je suis allé au concert.
À ta place, je serais allé(e) au cinéma.

1. aller à la piscine
2. me promener en ville
3. regarder un film à la télé
4. aller en forêt
5. m'acheter des cassettes

6. visiter l'Italie
7. faire plus attention
8. l'inviter à prendre un pot
9. me dépêcher
10. manger du poulet et des frites

Pratique orale 2 Votre amie Pauline aime beaucoup faire des suppositions. Écoutez les questions qu'elle vous pose. Pour répondre, utilisez les informations dans votre cahier. Faites bien attention au temps des verbes. D'abord, écoutez les modèles.

▶ je / partir en voyage

Si tu réussis à ton examen . . . ?
Je partirai en voyage.

▶ je / travailler pendant les vacances

Mais si tu ne réussissais pas?
Je travaillerais pendant les vacances.

▶ je / réussir à mon examen l'année dernière

Et si tu avais travaillé plus?
J'aurais réussi à mon examen l'année dernière.

1. je / être content
2. je / inviter quelqu'un d'autre
3. elle / être fâchée
4. nous / aller faire un pique-nique
5. nous / aller au cinéma
6. nous / aller à la plage

7. je / faire de la planche à voile
8. je / rester à la maison pour travailler
9. je / me promener dans la forêt
10. je / m'acheter un vélo
11. je / ne pas être étonné
12. je / avoir plus de chances de gagner

UNITÉ **9**   *Les relations personnelles*··························

PARTIE **1**

LE FRANÇAIS PRATIQUE: *Les amis, les copains et les relations personnelles*

1. Compréhension orale Vous allez entendre une conversation entre Pierre et Nathalie. Ensuite, vous allez écouter une série de phrases concernant cette conversation. D'abord, écoutez la conversation.

. . .

Écoutez de nouveau la conversation.

. . .

Maintenant, écoutez bien chaque phrase et marquez dans votre cahier si elle est vraie ou fausse. Vous allez entendre chaque phrase deux fois.

	vrai	faux		vrai	faux
1.	☐	☐	6.	☐	☐
2.	☐	☐	7.	☐	☐
3.	☐	☐	8.	☐	☐
4.	☐	☐	9.	☐	☐
5.	☐	☐	10.	☐	☐

2. Réponses logiques Vous allez entendre une série de questions. Pour chaque question, la réponse est incomplète. Dans votre cahier, marquez d'un cercle le mot ou l'expression qui complète la réponse le plus logiquement. D'abord, écoutez le modèle.

▶ Virginie est ton amie?
   Oui, j'ai vraiment . . .

   a. de la jalousie pour elle   **b. de l'aversion pour elle**   ⓒ **une confiance absolue en elle**

1.	a. un ami	b. une connaissance	c. de bonnes relations
2.	a. de l'admiration	b. de l'animosité	c. de la chance
3.	a. de l'antipathie pour lui	b. le coup de foudre pour lui	c. de la sympathie pour lui
4.	a. ont de bonnes relations	b. se disputent souvent	c. sont toujours d'accord
5.	a. une camarade	b. jalousie	c. une bonne nouvelle
6.	a. Félicitations!	b. Ma pauvre!	c. Quel dommage!
7.	a. Il n'a pas de chance!	b. Il n'a pas d'ami.	c. Il n'a pas confiance.
8.	a. Je suis désolé!	b. Quelle malchance!	c. Quelle bonne nouvelle!
9.	a. nous nous disputons souvent	b. nous avons de mauvais rapports	c. je suis toujours d'accord avec lui
10.	a. Je le plains.	b. Je me réjouis pour lui.	c. Félicitations!

Listening/Speaking

UNITÉ 9

3. Questions Vous allez entendre une série de questions concernant les relations qui existent entre certaines personnes. Regardez les dessins dans votre cahier pour répondre à ces questions. D'abord, écoutez le modèle.

être amoureux

Quel sentiment est-ce que Roméo éprouve pour Juliette?
Il est amoureux d'elle.

1.

être une connaissance

2.

s'entendre mal

3.

être amoureuse (de)

4.

avoir de mauvais rapports

5.

avoir de bonnes relations (avec)

6.

se disputer

7.

être un camarade

8.

éprouver de l'envie

4. Minidialogues

MINIDIALOGUE 1 Vous allez entendre deux dialogues. Après chaque dialogue, vous allez écouter une série de questions. Chaque dialogue et chaque question vont être répétés. D'abord, écoutez le premier dialogue.

...

Écoutez de nouveau le dialogue.

...

Maintenant, écoutez bien chaque question et marquez d'un cercle dans votre cahier la réponse que vous trouvez la plus logique.

1. a. Elles s'entendent mal.
   b. Elles se disputent.
   c. Elles sont des amies.

2. a. Non, elle est jalouse de Julien.
   b. Non, c'est une camarade.
   c. Non, elle n'aime pas Julien.

3. a. Il éprouve de l'antipathie pour elle.
   b. Il éprouve de la jalousie pour elle.
   c. Il éprouve de la sympathie pour elle.

4. a. Elle s'est disputée avec Julien.
   b. Elle s'est réconciliée avec Julien.
   c. Elle a eu le coup de foudre pour Julien.

5. a. Oui, car il est amoureux d'elle aussi.
   b. Non, il pense qu'il n'a pas de chance.
   c. Oui, il pense qu'il a de la chance.

MINIDIALOGUE 2 Maintenant, écoutez le second dialogue.

...

Écoutez de nouveau le dialogue.

...

Maintenant, écoutez bien chaque question et marquez d'un cercle dans votre cahier la réponse que vous trouvez la plus logique.

1. a. Elle lui annonce que Sophie et Corinne se sont disputées.
   b. Elle lui annonce que Sophie et Corinne se sont réconciliées.
   c. Elle lui annonce qu'elle s'est fâchée avec Sophie.

2. a. Il est désolé.
   b. Il se fâche.
   c. Il se réjouit pour elles.

3. a. Il ne se rappelle plus pourquoi elles s'étaient disputées.
   b. Il ne se rappelle plus qui a dit la vérité.
   c. Il ne se rappelle plus qui a commencé la dispute.

4. a. Elles ont de très bonnes relations.
   b. Elles s'entendent bien.
   c. Elles n'ont pas de très bonnes relations.

5. a. Il pense qu'elle éprouve de l'envie.
   b. Il pense qu'elle éprouve un peu de jalousie.
   c. Il pense qu'elle éprouve de l'antipathie.

6. a. Il pense qu'elles sont des bonnes amies.
   b. Il pense qu'elles vont se réconcilier.
   c. Il pense qu'elles aiment peut-être se disputer.

Listening/Speaking

UNITÉ 9

Nom _____

5. Situation Vous allez participer à une conversation en répondant à certaines questions. D'abord, écoutez la conversation incomplète jusqu'à la fin. Ne répondez pas aux questions. Écoutez.

• • •

Écoutez de nouveau la conversation. Cette fois, jouez le rôle d'Alexandra et répondez aux questions de Philippe. Pour répondre aux questions, regardez les dessins dans votre cahier. Répondez après le signal sonore.

PARTIE 1

LANGUE ET COMMUNICATION

Pratique orale 1 Un ami va vous parler des relations qui existent entre certaines personnes, ou entre vous et certaines personnes. Confirmez ce qu'il vous dit. Pour lui répondre, utilisez chaque fois un verbe réfléchi de sens réciproque. D'abord, écoutez le modèle.

▶ J'invite souvent Clara et Clara m'invite souvent.
C'est vrai, vous vous invitez souvent.

Pratique orale 2 Vous allez entendre une série d'informations concernant Éric, un camarade que vous ne connaissez pas très bien. Chaque information consiste en deux phrases. Avec ces deux phrases, formez une seule phrase, en utilisant un *pronom relatif.* D'abord, écoutez le modèle.

▶ Éric est un bon copain. Il habite près d'ici.
Éric est un bon copain qui habite près d'ici.

Pratique orale 3 Vous allez entendre une série d'informations concernant Sylvie, une de vos amies. Chaque information consiste en deux phrases. Avec ces deux phrases, formez une seule phrase, en utilisant le pronom relatif **dont**. D'abord, écoutez le modèle.

▶ Sylvie a rencontré un garçon. Elle est tombée amoureuse de ce garçon.
Sylvie a rencontré un garçon dont elle est tombée amoureuse.

PARTIE 2

LE FRANÇAIS PRATIQUE: *Les phases de la vie*

1. Compréhension orale Vous allez entendre une conversation entre Rémi et le directeur de la Maison des Jeunes. Ensuite, vous allez écouter une série de phrases concernant cette conversation. D'abord, écoutez la conversation.

• • •

Écoutez de nouveau la conversation.

• • •

Maintenant, écoutez bien chaque phrase et marquez dans votre cahier si elle est vraie ou fausse. Vous allez entendre chaque phrase deux fois.

	vrai	faux		vrai	faux
1.	☐	☐	6.	☐	☐
2.	☐	☐	7.	☐	☐
3.	☐	☐	8.	☐	☐
4.	☐	☐	9.	☐	☐
5.	☐	☐	10.	☐	☐

2. Échanges Vous allez entendre une série d'échanges. Chaque échange consiste en une question et une réponse. Écoutez bien chaque échange, puis complétez la réponse dans votre cahier. Vous allez entendre chaque réponse deux fois. D'abord, écoutez le modèle.

▶ Quelle est votre date de naissance?

Je suis né _____ **le 4 septembre 1957.**

1. J'ai passé _____ à la campagne.

2. Oui, maintenant, _____.

3. Oui, ils ont décidé de _____.

4. Non, il est toujours _____.

5. Il faut bien _____!

6. Non, _____ le deuxième jour.

7. Oui, ils vont _____ le mois prochain.

8. Non, il vient de _____.

9. Je viens d'_____.

10. Comment? Tu ne savais pas? Le pauvre, _____ le mois dernier.

Listening/Speaking

UNITÉ 9

3. Conversation   Vous allez entendre une conversation entre deux amis, Jean-Pierre Darmon et Jacques Favier. Écoutez bien cette conversation, puis répondez aux questions posées.

• • •

Écoutez de nouveau la conversation.

• • •

Maintenant, répondez oralement aux questions suivantes. Vous allez entendre chaque question deux fois.

4. Instructions   Vous allez entendre une jeune fille vous parler de sa grand-mère, Rose Lamont. Imaginez que vous devez écrire un article sur cette femme. Éoutez bien et notez dans votre cahier les moments importants de la vie de Rose Lamont. Vous allez entendre la description deux fois.

• • •

Écoutez de nouveau la description de la vie de Rose Lamont.

LA VIE D'UNE FEMME EXTRAORDINAIRE: ROSE LAMONT

1933 : _____

1951 : _____

1956 : _____

1957 : _____

1958: _____

1960 : _____

1961 : _____

1963 : _____

1965 : _____

maintenant : _____

PARTIE 2

LANGUE ET COMMUNICATION

Pratique orale 1   Vous allez jouer aux devinettes *(a guessing game)* avec une amie. D'abord, regardez dans votre cahier l'objet que vous devez lui faire deviner. Ensuite, vous allez écouter une série de phrases. Transformez chaque phrase en commençant par **C'est un objet . . .** et utilisez le *pronom relatif* approprié. D'abord, écoutez le modèle.

▶ On utilise cet objet tous les jours.
   C'est un objet qu'on utilise tous les jours.

Pratique orale 2   Votre amie Nathalie voudrait vous parler, mais elle est un peu timide. Encouragez-la. Dans chaque phrase, utilisez **ce qui, ce que** ou **ce dont**. D'abord, écoutez le modèle.

▶ Il m'est arrivé quelque chose.
   Dis-moi ce qui t'est arrivé.

Nom _____

Classe _____ Date _____

PARTIE **1**

LE FRANÇAIS PRATIQUE: *Études ou travail?*

1. Compréhension orale Vous allez entendre une conversation entre deux amis, Nicole et Louis. Ensuite, vous allez écouter une série de phrases concernant cette conversation. D'abord, écoutez la conversation.

• • •

Écoutez de nouveau la conversation.

• • •

Maintenant, écoutez bien chaque phrase et marquez dans votre cahier si elle est vraie ou fausse. Vous allez entendre chaque phrase deux fois.

	vrai	faux			vrai	faux
1.	☐	☐		6.	☐	☐
2.	☐	☐		7.	☐	☐
3.	☐	☐		8.	☐	☐
4.	☐	☐		9.	☐	☐
5.	☐	☐		10.	☐	☐

2. Réponses logiques Vous allez entendre une série de questions. Pour chaque question, la réponse est incomplète. Dans votre cahier, marquez d'un cercle le mot ou l'expression qui complète la réponse le plus logiquement. D'abord, écoutez le modèle.

▶ Ton père travaille dans la finance, n'est-ce pas?

Oui, il est . . .

   (a.) **agent de change**   b. **pharmacien**   c. **agent immobilier**

1. a. pharmacien   b. fonctionnaire   c. informaticien

2. a. elle est infirmière   b. elle est secrétaire   c. elle est vétérinaire

3. a. des études commerciales   b. des études littéraires   c. des langues étrangères

4. a. il est représentant de commerce   b. il est agent d'assurances   c. il est fonctionnaire

5. a. le patron   b. le chef du personnel   c. diplomate

6. a. chercher du travail   b. étudier la médecine   c. faire des études de droit

7. a. se spécialiser en informatique   b. faire des études de droit   c. gagner sa vie

8. a. il veut être dentiste   b. il étudie la philosophie   c. il se spécialise en comptabilité

9. a. le dessin   b. l'informatique   c. la chimie

10. a. devenir fonctionnaire   b. faire des études vétérinaires   c. travailler dans la publicité

UNITÉ 10

3. Questions Vous allez entendre une série de questions concernant la profession ou les études de certaines personnes. Écoutez bien et regardez les dessins dans votre cahier pour répondre à ces questions. D'abord, écoutez le modèle.

▶ Est-ce que Monsieur Dupont est ingénieur?
Non, il est dentiste.

4. Conversation Vous allez entendre une conversation entre deux jeunes filles, Barbara et Cécile. Écoutez bien cette conversation, puis répondez aux questions posées.

• • •

Écoutez de nouveau la conversation.

• • •

Maintenant, répondez oralement aux questions suivantes. Vous allez entendre chaque question deux fois.

Nom _____

PARTIE **1**

LANGUE ET COMMUNICATION

Pratique orale 1 Les parents disent souvent aux enfants ce qu'ils doivent faire. Vous allez entendre une série de phrases à l'impératif. Continuez chaque phrase en utilisant la préposition **pour, avant de** ou **sans** et l'expression dans votre cahier. D'abord, écoutez le modèle.

▶ sortir

Mets ton manteau!
Mets ton manteau avant de sortir!

1. aller jouer
2. se mettre à table
3. se brosser les dents
4. devenir grand
5. s'habiller
6. prendre ses gants
7. ne pas être en retard
8. être en forme demain
9. venir dîner
10. faire trop de bruit

Pratique orale 2 Vous allez entendre une séric de phrases. Transformez ces phrases en utilisant un *infinitif passé*. D'abord, écoutez le modèle.

▶ Hélène est furieuse parce qu'elle a raté son train.
Hélène est furieuse d'avoir raté son train.

Pratique orale 3 Vous allez entendre ce qui est arrivé à certaines personnes dans certaines circonstances. Transformez les phrases que vous entendez en utilisant un *participe présent*. D'abord, écoutez le modèle.

▶ Tu coupais le pain. Tu t'es blessé(e).
Tu t'es blessé(e) en coupant le pain.

Nom _____

PARTIE 2

LE FRANÇAIS PRATIQUE: *La vie professionnelle*

1. Compréhension orale Vous allez entendre une conversation entre deux amies, Laura et Julie. Ensuite, vous allez écouter une série de phrases concernant cette conversation. D'abord, écoutez la conversation.

• • •

Écoutez de nouveau la conversation.

• • •

Maintenant, écoutez bien chaque phrase et marquez dans votre cahier si elle est vraie ou fausse. Vous allez entendre chaque phrase deux fois.

	vrai	faux			vrai	faux
1.	☐	☐		6.	☐	☐
2.	☐	☐		7.	☐	☐
3.	☐	☐		8.	☐	☐
4.	☐	☐		9.	☐	☐
5.	☐	☐		10.	☐	☐

2. Échanges Vous allez entendre une série d'échanges. Chaque échange consiste en une question et une réponse. Écoutez bien chaque échange, puis complétez la réponse dans votre cahier. Vous allez entendre chaque réponse deux fois. D'abord, écoutez le modèle.

▶ Où voudrais-tu travailler?

Je voudrais travailler ___dans une banque_____.

1. Il travaille _____.

2. Non, il travaille dans _____.

3. J'aimerais travailler dans une _____.

4. Non, il _____.

5. Oui, il y a _____.

6. Oui, elle a _____.

7. Il faut avoir _____.

8. Non, elle cherche un emploi _____.

9. Je sais _____.

10. Attends! Je dois d'abord _____.

3. Minidialogues

MINIDIALOGUE 1 Vous allez entendre deux dialogues. Après chaque dialogue, vous allez écouter une série de questions. Chaque dialogue et chaque question vont être répétés. D'abord, écoutez le premier dialogue.

• • •

Écoutez de nouveau le dialogue.

• • •

Maintenant, écoutez bien chaque question et marquez d'un cercle dans votre cahier la réponse que vous trouvez la plus logique.

1. a. Il fait la vaisselle.   b. Il travaille.   c. Il prépare le dîner.

2. a. Au théâtre.   b. Au restaurant.   c. Au travail.

3. a. Parce qu'il a trouvé   b. Parce qu'il a trouvé c. Parce qu'il a gagné à
      un stage.   de l'argent.   la loterie.

4. a. Un poste de diplomate.   b. Un poste d'ingénieur. c. Un poste de chercheur
                                                                en laboratoire.

5. a. Avec Jacques.   b. Avec le directeur du   c. Avec sa soeur Michèle.
                                    personnel.

6. a. Parce qu'il n'a jamais   b. Parce qu'il n'a pas de c. Parce qu'il n'a pas
      de chance.   qualifications personnelles.   d'expérience
                                                                professionnelle.

7. a. Un emploi stable.   b. Un beau cadeau.   c. Une chaise et une table.

MINIDIALOGUE 2 Maintenant, écoutez le second dialogue.

• • •

Écoutez de nouveau le dialogue.

• • •

Maintenant, écoutez bien chaque question et marquez d'un cercle dans votre cahier la réponse que vous trouvez la plus logique.

1. a. Dans le service.   b. Dans le service des   c. Dans le service du
      informatique   relations publiques.   personnel.

2. a. Sur ses qualifications   b. Sur son expérience   c. Sur ses études
      personnelles.   professionnelle.   universitaires.

3. a. Des études de   b. Des études scientifiques. c. Des études techniques.
      comptabilité.

4. a. Un emploi de   b. Un emploi de comptable. c. Un emploi de chef du
      représentant.   personnel.

5. a. Un emploi de   b. Un emploi de comptable. c. Un emploi de chef du
      représentant.   personnel.

6. a. Sa photo.   b. Son curriculum vitae et c. Son curriculum vitae et
                                    une photo.   une lettre de motivation.

Nom _____

4. Instructions Deux de vos amis cherchent du travail. Le premier a fait des études de marketing. Le deuxième voudrait travailler dans la publicité. Vous allez entendre deux annonces qui pourraient les intéresser. Chaque annonce sera répétée. Écoutez bien et notez dans votre cahier les informations importantes de chaque annonce.

ANNONCE NUMÉRO 1.

Nom de la compagnie : _____

Type de compagnie : _____

Genre d'emploi proposé : _____

Profil souhaité (formation, expérience professionnelle, etc.) : _____
_____

Avantages du poste proposé : _____
_____

Pour poser sa candidature : _____
_____

Écoutez de nouveau l'annonce.

ANNONCE NUMÉRO 2.

Nom de la compagnie : _____

Type de compagnie : _____

Genre d'emploi proposé : _____

Profil souhaité (formation, expérience professionnelle, etc.) : _____
_____

Avantages du poste proposé : _____
_____

Pour poser sa candidature : _____
_____

Écoutez de nouveau l'annonce.

Nom _____

5. Situation Vous allez participer à une conversation en répondant à certaines questions. D'abord, écoutez la conversation incomplète jusqu'à la fin. Ne répondez pas aux questions. Écoutez.

• • •

Écoutez de nouveau la conversation. Cette fois, jouez le rôle d'Alain et répondez aux questions du chef du personnel. Pour répondre aux questions, regardez le curriculum vitae d'Alain qui se trouve dans votre cahier. Répondez après le signal sonore.

Alain CHAPUIS

13, rue Voltaire
78100 VERSAILLES
Tél : 01.39.61.12.94

Études: - *Baccalauréat scientifique (1988)*

- *Études universitaires: École Nationale d'Informatique (1988-1992);*

  diplôme d'ingénieur informaticien (1992)

Expérience professionnelle: - *Spécialiste de données chez INFONOR (1993-1996)*

- *Spécialiste de logiciel chez LOGISTICA (1996-2000)*

Langues: - *anglais (très bon niveau)*

- *espagnol (notions)*

Loisirs: - *voyages (nombreux voyages en Amérique du Nord)*

- *sport (natation, alpinisme, snowboard)*

- *jeux vidéo, échecs*

Divers: - *32 ans*

- *célibataire*

Listening/Speaking

UNITÉ
10

PARTIE 2

LANGUE ET COMMUNICATION

Pratique orale 1 Vous allez entendre certaines personnes vous parler de leurs projets. Transformez chaque phrase que vous entendez en ajoutant la restriction ou la condition dans votre cahier. Utilisez **à moins que . . .** ou **à condition que . . .** dans vos phrases. D'abord, écoutez le modèle.

▶ tu / aller avec elle

Alice va sortir seule.
Alice va sortir seule à moins que tu ailles avec elle.

1. il / pleuvoir

2. il / avoir assez d'argent

3. tu / me prêter ta radiocassette

4. elles / finir leurs devoirs

5. Paul / vous raccompagner en voiture

6. tu / préférer aller à la pizzéria

7. Luc / devoir travailler

8. ta chambre / être bien rangée

Pratique orale 2 Vous allez entendre ce que certaines personnes vont faire, et pourquoi elles vont faire ces choses. Transformez les phrases que vous entendez en utilisant **pour . . .** et *l'infinitif* ou **pour que . . .** et *le subjonctif*. D'abord, écoutez les modèles.

▶ Je vais sortir. Je veux acheter le journal.
Je vais sortir pour acheter le journal.

▶ Donne de l'argent aux enfants. Ils veulent aller au cinéma.
Donne de l'argent aux enfants pour qu'ils aillent au cinéma.

Answer Key

Rappel **Bonjour!**

Les adjectifs réguliers et irréguliers

1. Expression personnelle
(Sample answers)

1. Non, je n'aime pas les politiciens parce qu'ils sont ennuyeux, prétentieux et insensibles.
2. Elle est gentille, compréhensive et généreuse.
3. Je suis sympathique, imaginatif(-ive) et aimable.
4. Il faut être travailleur, curieux et attentif.
5. Elles sont exceptionnelles, dynamiques et disciplinées.
6. Ils sont cruels, insensibles et ignorants.
7. Oui, j'admire le commandant Cousteau parce qu'il est intelligent, spirituel et cultivé.
8. Oui, j'admire ma grand-mère parce qu'elle est généreuse, tolérante et sensible.
9. Elles sont bêtes, méchantes et égoïstes.
10. Mon personnage favori est Bart Simpson parce qu'il est jeune, drôle et amusant.

Avoir et les expressions avec avoir

2. J'ai . . . !

1. avons de la chance
2. as tort
3. ai besoin
4. avez envie
5. a peur
6. as chaud
7. ont sommeil
8. avez raison
9. ai froid
10. as soif

Aller, être, venir

3. Qu'est-ce qu'ils font?
(Sample answers)

1. Tu viens de finir le cours d'anglais.
   Tu es en train de manger.
   Tu vas aller au cours de maths.
2. Elle va choisir une place.
   Elle est en train de regarder le film.
   Elle vient de voir un film.
3. Je viens de dîner.
   Je vais faire mes devoirs.
   Je suis en train de dormir.
4. Vous allez parler avec des amis.
   Vous êtes en train d'étudier le français.
   Vous venez de sortir de classe.
5. Nous allons préparer des sandwichs.
   Nous sommes en train d'écouter de la musique.
   Nous venons de danser.
6. Ils sont en train de dormir.
   Ils viennent de déjeuner.
   Ils vont aller au parc.

Rappel **Le temps libre**

Depuis

4. Depuis quand?
(Sample answers)

1. vont au théâtre régulièrement depuis la rentrée
2. joue de la guitare depuis cinq ans
3. organise des promenades au parc depuis l'été dernier
4. nous faisons du shopping depuis trois heures
5. pratiques le football depuis un an
6. vous êtes ami(e)s depuis longtemps
7. aime cette série télévisée depuis le début
8. apprenons la planche à voile depuis trois mois

Verbes réguliers

5. Samedi
(Sample answers)

1. J'écoute le concert. J'applaudis.
2. Nous perdons patience. Nous téléphonons à notre ami.
3. Elle parle à son chien. Elle ne joue pas avec son chien.
4. Je réponds au téléphone. Je discute avec ma copine.
5. Tu organises ton travail. Tu travailles beaucoup.
6. Elles vendent des croissants. Elles aiment leur travail.
7. Nous rendons visite à notre grand-mère. Nous choisissons des fleurs pour elle.
8. Vous participez au match. Vous ne perdez pas le match.

Quelques verbes irréguliers

6. Des projets

1. veux
2. dois
3. pouvons
4. doivent
5. peux
6. peux
7. dort
8. devons
9. sors
10. sortez
11. veulent
12. sortent
13. partent
14. pouvez
15. voulez
16. pars
17. sortons
18. partons
19. part
20. dors
21. dormez

Faire et expressions avec faire

7. Les loisirs

1. Ils font du ski.
2. Elle fait ses valises.
3. Nous faisons des achats.
4. Je ne fais pas de promenade à vélo.
5. Vous ne faites pas de roller.
6. Tu ne fais pas de devoirs.
7. Il fait de la natation.
8. Ils font du tennis.
9. Vous faites du théâtre.
10. Nous faisons du camping.

Rappel Bon appétit!

Nourriture et boissons

8. Préférences
(Sample answers)

1. Je mets du thon, de la mayonnaise et des tomates.
2. C'est la tarte aux pommes.
3. Je mange mon hamburger avec du ketchup et des frites.
4. Je bois du café au lait et du jus d'orange.
5. Je peux préparer une omelette et des spaghetti.
6. Je mange des sandwichs au poulet et du melon.
7. J'aime les jus de fruits, le lait et l'eau minérale.
8. Je déteste le poisson et les tomates.
9. J'aime le chocolat chaud et le thé.
10. Je mange des céréales et des toasts.

Les articles définis et partitifs

9. Le festival international
(Sample answers)

1. achètent des spaghetti
2. boit du café au lait
3. commande un steak-frites
4. préférons la cuisine chinoise
5. choisissez la quiche au jambon
6. voulez des légumes
7. aimons les croissants
8. mangent de la tarte aux pommes
9. bois de la limonade
10. préfère la cuisine mexicaine

Prendre et boire

10. Au restaurant
(Sample answers)

1. Ils prennent du saumon au vinaigre de framboises et ils boivent du cidre.
2. Vous prenez des fruits de mer et vous buvez un soda.
3. Elles prennent de la ratatouille et elles boivent de l'eau minérale.
4. Je prends de la fondue suisse et je bois du Perrier.
5. Tu prends du caribou aux champignons et tu bois du thé glacé.
6. Nous prenons des sardines et nous buvons de la limonade.
7. Tu prends du poulet grillé et tu bois du thé.
8. Ils prennent de la mousse au chocolat et ils boivent du chocolat chaud.

Rappel 4   Le weekend

Le passé composé des verbes réguliers avec *avoir*

1. Oui ou non?
1. il n'a pas applaudi le guide
2. nous n'avons pas rendu visite à nos correspondants
3. elles ont visité l'exposition au biodôme
4. elle a choisi des souvenirs
5. nous n'avons pas joué au hockey
6. nous n'avons pas attendu longtemps à l'aéroport
7. vous avez téléphoné au bon moment
8. j'ai réussi à parler français

Les participes passés irréguliers

2. Ce weekend
(Sample answers)
1. Est-ce que vous avez eu un rendez-vous?
2. Est-ce que vous avez bu du thé glacé?
3. Est-ce que vous avez été malade?
4. Est-ce que vous avez fait du sport?
5. Est-ce que vous avez mis un costume?
6. Est-ce que vous avez pris le train?
7. Est-ce que vous avez dormi jusqu'à midi?
8. Est-ce que vous avez vu un film?
9. Est-ce que vous avez appris vos leçons?
10. Est-ce que vous avez promis de faire la vaisselle?

Il y a

3. Une visite
(Sample answers)
1. j'ai acheté une voiture neuve il y a deux mois
2. nous avons vu un film il y a une semaine
3. ont été malades il y a trois mois
4. avons fait du camping il y a dix ans
5. j'ai eu une promotion il y a trois jours
6. a fini l'école il y a un an
7. a répondu à l'invitation de ta mère il y a plusieurs jours
8. a visité ce musée il y a deux jours
9. a vendu sa moto il y a quinze jours

Rappel 5   En vacances

Passé composé des verbes avec *être*

4. Les vacances
1. suis allé
2. suis parti
3. sommes arrivés
4. est montée
5. est descendue
6. suis parvenu
7. est tombé
8. est rentré
9. sont venues
10. est resté
11. sommes devenus

Rappel 6   Qu'est-ce qui se passe?

L'imparfait

5. Quand j'avais dix ans . . .
(Sample answers)
1. Est-ce que tu buvais du café?
   Non, je ne buvais pas de café. Je préférais le lait.
2. Est-ce que vous faisiez du tennis?
   Non, nous ne faisions pas de tennis. Nous jouions au base-ball.
3. Est-ce que ta mère était vendeuse?
   Non, elle n'était pas vendeuse. Elle travaillait à la banque.
4. Est-ce que tu rentrais de l'école à cinq heures?
   Non, je ne rentrais pas de l'école à cinq heures. Je revenais à trois heures.
5. Est-ce que tes amis réussissaient bien à l'école?
   Non, ils ne réussissaient pas bien à l'école. Ils avaient des problèmes.
6. Est-ce que tu regardais la télé en rentrant de l'école?
   Non, je ne regardais pas la télé en rentrant de l'école. Je finissais mes devoirs.

Les vêtements

6. Des conseils
(Sample answers)
1. Mets un tailleur, un chemisier et un manteau.
2. Mets un maillot de bain, des sandales et des lunettes de soleil.
3. Mets un polo, un short et des chaussettes.
4. Mets un costume, une chemise et une cravate.
5. Mets un jean, un pull et des bottes.
6. Mets une robe, un chapeau et des tennis.
7. Mets un survêtement, des baskets et une casquette.
8. Mets un pull, une jupe et un imperméable.

Rappel Vive l'amitié!

Les pronoms compléments

1. Au centre commercial

1. Tu nous prêtes ta carte de crédit?
   Non, je ne vous prête pas ma carte de crédit!
2. Tu leur offres des fleurs?
   Non, je ne leur offre pas de fleurs!
3. Tu lui présentes la vendeuse?
   Non, je ne lui présente pas la vendeuse!
4. Tu leur téléphones?
   Non, je ne leur téléphone pas!
5. Tu lui donnes les clés de ta voiture?
   Non, je ne lui donne pas les clés de ma voiture!
6. Tu t'achètes un billet de loterie?
   Non, je ne m'achète pas de billet de loterie!
7. Tu nous montres ce que tu as acheté?
   Non, je ne vous montre pas ce que j'ai acheté!
8. Tu me fais un cadeau?
   Non, je ne te fais pas de cadeau!

Connaître et savoir

2. Trois-Rivières

1. Sais
2. connais
3. sais
4. connaît
5. connaissons
6. Savez
7. Connaissez
8. savons
9. sais
10. sait

Rappel Un garçon timide

Les compléments d'objets directs et indirects

3. Êtes-vous timide?
(Sample answers)

1. Oui, je les organise.
   (Non, je ne les organise pas.)
2. Oui, je leur parle après les cours.
   (Non, je ne leur parle pas après les cours.)
3. Oui, je lui téléphone souvent.
   (Non, je ne lui téléphone pas souvent.)
4. Oui, je les connais.
   (Non, je ne les connais pas.)
5. Oui, je leur écris
   (Non, je ne leur écris pas.)
6. Oui, je leur rends visite.
   (Non, je ne leur rends pas visite.)
7. Oui, je le vois souvent.
   (Non, je ne le vois pas souvent.)
8. Oui, je lui achète un cadeau.
   (Non, je ne lui achète pas de cadeau.)
9. Oui, je lui prête ma bicyclette.
   (Non, je ne lui prête pas ma bicyclette.)

Voir et écrire

4. Une lettre

1. écris
2. voyons
3. voient
4. écrivent
5. vois
6. écrit
7. voit
8. écrivons
9. écrivez
10. voyez

PARTIE 1

A 1. Les profs de photo
(Sample answers)

M. Ledoux est grand et mince. Il a le visage rond et les cheveux frisés. Il a les yeux noirs. Il a une boucle à l'oreille. Il a des taches de rousseur sur les joues. Il porte des sandales.

M. Ledur est de taille moyenne et il est athlétique. Il a le visage carré. Il a les cheveux en brosse, une moustache et une barbe. Il a une cicatrice sur le front. Il porte des baskets.

Pratique Usages de l'article défini
Un ami curieux
(Sample answers)

1. J'ai les yeux gris.
2. J'ai les cheveux longs.
3. Je porte souvent des baskets.
4. On met un bandana autour du cou.
5. Mes matières préférées sont l'anglais et les maths.
6. Je ne vais pas à l'école le samedi et le dimanche.
7. Je vais au cinéma le samedi.
8. C'est le gouverneur Mario Cuomo.
9. L'essence coûte 1,20 dollars le gallon.
10. Je désire visiter la France et le Chili.

A 1. Toujours des excuses!

1. Brosse-toi les dents!
2. Lave-toi les cheveux!
3. Maquille-toi les yeux!
4. Sèche-toi les cheveux!
5. Coupe-toi les ongles!
6. Essuie-toi les mains!
7. Regarde-toi (dans la glace)!
8. Lave-toi (la figure)!
9. Parfume-toi! (Mets-toi du parfum!)
10. Mets-toi du déodorant!

A 2. Sous la tente
(Sample answers)

1. Nous avons une brosse à cheveux. Nous nous brossons les cheveux.
2. Lucie n'a pas de ciseaux. Elle ne se coupe pas les ongles.
3. Henri et Paul ont un rasoir mécanique. Ils se rasent.
4. J'ai de l'eau de toilette. Je me parfume.
5. Marina et Amélie n'ont pas de fard à paupières. Elles ne se maquillent pas les yeux.
6. Vous n'avez pas de gant de toilette. Vous ne vous lavez pas la figure.
7. Tu as un miroir. Tu te mets du mascara.
8. Lili et moi, nous n'avons pas de séchoir. Nous ne nous séchons pas les cheveux.

Pratique Le présent des verbes: comme *préférer, se sécher;* comme *payer, s'essuyer*
À la parfumerie

1. nettoies
2. répètes
3. emploie
4. s'ennuie
5. célébrons
6. préfèrent
7. exagères
8. s'essuie
9. vous séchez
10. payons

Pratique Moi-même, toi-même, etc.
Les responsabilités

1. Mon copain et moi, nous faisons la lessive nous-mêmes.
2. Je me réveille à l'heure moi-même.
3. Jérôme paie la note du téléphone lui-même.
4. Maria et toi, vous nettoyez le studio vous-mêmes.
5. Éric se prépare à manger lui-même.
6. Je lave la vaisselle moi-même.
7. Tu te coupes les cheveux toi-même.
8. Vous employez la télécopieuse vous-même(s).
9. Nous nous faisons de l'argent de poche nous-mêmes.
10. Élise et Stéphanie réparent la voiture elles-mêmes.

PARTIE 2

Pratique Verbes comme *acheter, se lever, se promener*
La routine du weekend
(Sample answers)

1. Le weekend, grand-père se lève à dix heures.
2. Le weekend, je m'achète une bande dessinée.
3. Le weekend, mes cousines se promènent au zoo.
4. Le weekend, tu emmènes ta soeur au cinéma.
5. Le weekend, vous promenez votre chien.
6. Le weekend, Richard achète des gâteaux.
7. Le weekend, nous amenons des livres aux malades de l'hôpital.
8. Le weekend, vous menez les enfants au parc.

A 1. Aux objets trouvés

1. nous sommes promené(e)s
2. me suis arrêté(e)
3. s'est reposée
4. me suis acheté
5. s'est endormie
6. me suis dépêché(e)
7. s'est levée

A 1. Actions et réactions

1. s'impatiente (ou: s'énerve)
2. t'excuses
3. s'embêtent
4. vous arrêtez
5. me mets en colère
6. s'inquiètent
7. s'approche
8. vous en allez
9. t'énerves
10. nous amusons

Pratique Le présent des verbes: *s'appeler, se rappeler;* comme *appeler*
À la réception

1. m'appelle *(votre nom)*
2. appelle Stephen King tout de suite
3. rejettent le manuscrit
4. vous rappelez cette campagne publicitaire
5. ficelons les paquets nous-mêmes
6. te rappelles mes conseils
7. appelle le dépanneur
8. nous appelons Alex Martin et Rémi Pétrin
9. ficelles ces vieux livres

Communication

A. Tous en forme!
(Sample answer – reasons)

Je veux aller à ce club parce que j'aime le sport.
Je ne suis pas fort et je veux avoir des muscles!
Je veux aussi être en forme pour les examens.

B. Une dispute
(Sample answer)

Je me suis fâché(e) hier et je me sens très triste. Je sais que je m'énerve trop facilement quand je suis fatigué(e). Je me suis trompé(e) et je suis inquiet(ète). Je m'excuse.

PARTIE 1

A 1. Tous au travail!
(Sample answers)
1. Il faut que vous tailliez les arbustes.
2. Il faut qu'ils repassent les chemises.
3. Il faut que j'essuie la vaisselle.
4. Il faut que nous passions l'aspirateur.
5. Il faut que tu arroses les plantes.
6. Il faut qu'elle lave le linge.
7. Il faut que nous vidions la corbeille (vidions les ordures / sortions la poubelle).
8. Il faut que je tonde la pelouse.
9. Il faut qu'ils essuient la table.
10. Il faut que vous laviez le sol.

Pratique Dire, lire, écrire
Au pair
(Sample answers)
1. dit: «Tu vas faire le ménage?»
2. lit des journaux suisses
3. écris à la famille d'accueil
4. lisons la météo européenne
5. écris les adresses dans mon agenda
6. disent où je vais à mes amis
7. écrivez au consulat
8. dis aux amis de m'écrire
9. lit combien coûte le franc suisse
10. dis au revoir à tout le monde

A/B 2. Trop de travail!
1. range
2. passe
3. préparer
4. éplucher
5. laver
6. mette
7. remplisse
8. coupe
9. vide
10. promène

B 3. Travail domestique
1. il faut balayer
2. il faut ranger la chambre
3. il faut arroser le jardin
4. il faut donner à manger au chat
5. il faut passer l'aspirateur
6. il faut couper l'herbe/tondre la pelouse
7. il faut repasser
8. il faut faire le lit

B 4. Baby-sitting
1. Oui, il faut que tu débarrasses la table après le dîner.
2. Non, il ne faut pas que tu ranges la vaisselle sale.
3. Oui, il faut que tu aides à faire le ménage.
4. Oui, il faut que tu vides la corbeille.
5. Non, il ne faut pas que tu mettes tes jouets dans l'aquarium.
6. Oui, il faut que tu donnes à manger au chat.
7. Non, il ne faut pas que tu repasses ta chemise toi-même.

B/C 5. Conseils
1. Il faut que vous célébriez l'événement.
2. Il faut que nous buvions beaucoup d'eau.
3. Il faut que tu achètes leur CD.
4. Il faut que vous preniez des vitamines.
5. Il faut que je voie ce film.
6. Il faut qu'elle apprenne à nager.
7. Il faut que nous payions le garagiste.
8. Il faut que vous appeliez les renseignements.
9. Il faut que tu viennes.
10. Il faut que je change les piles.

PARTIE 2

A 1. Les volontaires
1. Il faut que nous ayons des volontaires pour aider la communauté.
2. Il faut que tu sois au bureau.
3. Il faut qu'il fasse des sandwichs pour les sans-abri.
4. Il faut que j'aille à la mairie.
5. Il faut qu'ils fassent des réparations dans la maison des Leloup.
6. Il faut qu'il soit là pour répondre au téléphone.
7. Il faut que tu aies l'argent de la collecte.
8. Il faut que vous soyez là pour aider les autres.

B 2. C'est important
(Sample answers)
1. j'aille à l'université
2. je choisisse une bonne carrière
3. je sois libre
4. je rende service
5. je ne regrette pas mes actions
6. je parle français
7. j'aide mes amis
8. je sois timide

Answer Key

UNITÉ 2

C 3. À la maison

1. Veux-tu que je regarde la télévision toute la nuit?
   Non, je ne veux pas que tu regardes la télévision toute la nuit.
2. Veux-tu que nous nettoyions la maison?
   Oui, je veux que vous nettoyiez la maison.
3. Veux-tu que nous mangions à McDonald's?
   Non, je ne veux pas que vous mangiez à McDonald's.
4. Veux-tu que mes amis viennent dimanche?
   Non, je ne veux pas qu'ils viennent dimanche.
5. Veux-tu que j'aille au supermarché?
   Oui, je veux que tu ailles au supermarché.
6. Veux-tu que nous prenions la voiture?
   Non, je ne veux pas que vous preniez la voiture.

C 4. Après la boum

(Sample answers)

1. Je veux que tu fasses la vaisselle.
2. J'aimerais que tu passes l'aspirateur.
3. J'insiste pour que vous me donniez un coup de main.
4. Je désire que tu ranges le salon.
5. J'exige que tu essuies la table.
6. Je demande que vous vidiez les poubelles.
7. Je préfère que tu balaies le sol.
8. Je souhaite que tu ranges les CD.

Pratique Comment décrire un objet

De toutes les formes

(Sample answers)

1. rond/circulaire; énorme/volumineux; brillant
2. ovale; grand; lisse/brillant
3. ondulée/ronde; petite; mouillée/humide
4. pointue; étroite/mince; molle/légère
5. rectangulaire; épais/grand; lourd/solide
6. droit; haut/élevé; rugueux/vieux
7. rectangulaire; large; usagée/d'occasion
8. courbe; élevé; brillant

Communication

A. Un visiteur

(Sample answers)

Il ne faut pas que tu oublies ton passeport.

Il est dommage que tu ne restes pas plus longtemps.

J'aimerais aller à Washington et à New York avec toi.

Je voudrais que tu voies la Maison Blanche et la Statue de la Liberté.

Il faut que nous fassions des achats à Macy's. Il faut que tu achètes des tee-shirts et des cartes de base-ball.

J'aimerais que nous fassions du sport et que nous allions au cinéma ensemble.

Il n'est pas nécessaire de prendre beaucoup d'argent.

B. L'art moderne

(Sample answer)

Paris, le 20 novembre 1995

Chère Anita,

Sais-tu que le musée des Arts africains à Paris est fascinant? De tous les objets que j'ai vus, je préfère un masque. Il représente une tête de femme. Il est grand et triangulaire. Les yeux sont très expressifs et les lèvres sont épaisses. C'est un vieux masque, mais je trouve qu'il a beaucoup de charme. J'aime aussi un masque de lion car il est amusant. Il est énorme et circulaire. Il est solide et brillant. C'est très intéressant.

À bientôt,
Marie

PARTIE 1

A 1. Au parc national
(Sample answers)
1. Ils ont fait de la plongée sous-marine.
2. Elle s'est promenée (a fait un tour) dans les bois.
3. J'ai fait du camping.
4. Il a fait de la planche à voile.
5. Nous avons fait du ski nautique.
6. Elle a nagé (s'est baignée).
7. Nous avons pris un bain de soleil (nous nous sommes bronzé[e]s).
8. Elles ont fait un pique-nique.

A 2. La Californie en toute sécurité
(Sample answers)
1. Est-ce que tu t'es déjà baigné(e) dans le Pacifique?
   Oui, mais je ne me suis jamais noyé(e).
2. Est-ce qu'elle s'est déjà promenée dans le désert?
   Oui, mais elle n'a jamais marché sur un serpent.
3. Est-ce que vous avez déjà fait un tour dans les bois?
   Oui, mais nous ne nous sommes jamais perdu(e)s.
4. Est-ce qu'elles se sont déjà bronzées sur les plages de Los Angeles?
   Oui, mais elles n'ont jamais attrapé de coup de soleil.
5. Est-ce qu'elle a déjà fait de l'escalade?
   Oui, mais elle ne s'est jamais cassé la jambe.
6. Est-ce que vous avez déjà fait une promenade en bateau?
   Oui, mais nous ne sommes jamais tombés dans l'eau.
7. Est-ce que tu as déjà fait du camping?
   Oui, mais je n'ai jamais mis le feu.
8. Est-ce qu'ils ont déjà fait un pique-nique?
   Oui, mais ils n'ont jamais été piqués par les moustiques.

B 3. Jamais pendant les vacances!
(Sample answers)
1. ne se baignait jamais parce qu'il nageait très mal
2. vous n'alliez jamais dans les champs parce que vous détestiez les insectes
3. ne se perdait jamais parce qu'elle savait lire les cartes
4. ne faisais jamais de promenade en bateau parce que tu avais le mal de mer
5. nous ne prenions jamais de bain de soleil parce que nous étions allergiques au soleil
6. je ne faisais jamais de camping parce que j'avais peur des serpents
7. ne venaient jamais au club d'alpinisme parce qu'elles choisissaient toujours la plage
8. vous ne vouliez jamais faire de feu parce que vous connaissiez le danger
9. ne laissaient jamais de déchets parce qu'ils respectaient la nature
10. ne te levais jamais tôt parce que tu sortais tous les soirs.

C 4. En camping
1. nous levions
2. commencions
3. nagions
4. faisions
5. a décidé
6. suis partie
7. connaissions
8. était
9. allions
10. avons marché
11. nous sommes arrêtées
12. a crié
13. ai regardé
14. ai vu
15. s'est avancé
16. a donné
17. est reparti
18. ai eu
19. aimait
20. suis restée

PARTIE 2

A 1. L'incendie de la ferme
1. avons vu des flammes
2. ai appelé les pompiers
3. avions très peur/avons eu très peur
4. sont arrivés
5. se sont passés très vite
6. avons assisté à la destruction de la ferme
7. étions sains et saufs
8. n'y a pas eu de victimes

A 2. La météo
(Sample answers)
1. Il y a eu une inondation parce qu'il pleuvait beaucoup.
2. Il s'est cassé la jambe parce qu'il y avait de la glace.
3. Il a brûlé parce qu'il y avait des éclairs.
4. Ils se sont perdus parce qu'il y avait du brouillard.
5. Elle s'est arrêtée parce qu'il neigeait.
6. Elle est tombée parce que le vent soufflait.
7. Ils ne sont pas partis parce que le ciel était couvert.
8. Il a eu très peur parce qu'il faisait de l'orage.

B 3. Des vacances de rêve

1. avais
2. suis allé(e)
3. savais
4. parlait
5. faisait
6. sommes arrivés
7. avons visité
8. sommes allés
9. admiraient
10. avons vu
11. voulions
12. a changé
13. avait
14. était
15. étais
16. sommes rentrés
17. commençait
18. ont été

B 4. Problèmes naturels

(Sample answers)

1. Le vent soufflait pendant que j'ai planté la tente.
2. Il faisait froid quand je me suis baigné(e) dans le lac.
3. Le ciel était couvert quand j'ai voulu prendre un bain de soleil.
4. La neige tombait lorsque je me suis perdu(e) dans le bois.
5. Il faisait du brouillard au moment où je suis arrivé(e) au sommet de la montagne.
6. Il y avait du tonnerre pendant que j'ai enregistré le chant des oiseaux.
7. Il y avait une tempête au moment où j'ai fait de la planche à voile.
8. Il pleuvait quand j'ai dormi dehors.

C 5. Quelques personnages historiques

1. **Le Marquis de La Fayette**

   Général et politicien, La Fayette est devenu populaire parce qu'il a participé activement à la guerre de l'Indépendance américaine. Il a prit le parti des Américains. En 1802, il a facilité l'acquisition de la Louisiane par les États-Unis, mais il a refusé le poste américain de gouverneur de la Louisiane.

2. **Samuel de Champlain**

   Le roi Louis XIII a ordonné à Champlain d'établir une colonie au Canada, alors appelé la Nouvelle-France. En 1604, il a visité l'Acadie (aujourd'hui la Nouvelle-Écosse) puis, en 1608, il a fondé Québec et en est devenu le gouverneur. Il a aussi exploré les Grands Lacs et est mort au Québec en 1635.

3. **Napoléon 1er**

   De simple capitaine de l'armée, Napoléon Bonaparte est devenu empereur de France en 1804. Napoléon a fait beaucoup de guerres et il a annexé de nombreuses régions européennes. En 1803, il a vendu la Louisiane que les Américains ont payé 80 millions de francs. Napoléon est mort en exil en 1821.

4. **Marie Curie**

   Marie Curie est née en Pologne, mais elle a vécu en France. Elle a été la première femme professeur à la Sorbonne, la prestigieuse université de Paris. Elle a épousé Pierre Curie en 1895. Elle est devenue célèbre pour sa découverte du radium. Elle a reçu deux prix Nobel: un de physique en 1903 et un de chimie en 1911.

5. **Louis Pasteur**

   Homme de science, Louis Pasteur a mis au point une méthode de conservation que l'on a appelé la pasteurisation. Il a découvert le vaccin contre la rage en 1885. Il a inventé également d'autres vaccins et il a donné son nom à l'Institut Pasteur, un centre de recherche et de production de vaccins et de sérums.

Communication

A. Madagascar

(Sample answers)

Je voulais visiter Madagascar parce que c'est un sanctuaire de la nature et j'adore la nature.

Dans ce pays, j'ai découvert beaucoup de plantes uniques.

J'ai vu des orchidées, des baobabs, des lémuriens et un papillon géant.

Bien sûr, il faisait très chaud et le soleil brillait tous les jours. Il n'a pas plu.

J'étais très heureux(se) de visiter ce pays.

J'ai eu un petit problème: j'ai eu peur parce qu'il y avait un caméléon sur un arbre. Je ne l'ai pas vu parce qu'il avait la même couleur que l'arbre.

J'ai beaucoup aimé Madagascar parce que ce pays est très intéressant. Il y a beaucoup d'animaux.

B. Les dernières nouvelles

(Sample answer)

Il y a eu une avalanche ce matin à la station de ski d'Albertville parce qu'il y avait des tempêtes de neige. L'avalanche a eu lieu à 8h30 au moment où les classes de ski commençaient. Il faisait très froid et le vent soufflait. Il y avait aussi du brouillard. Des skieurs ont été témoins de cet événement. Ils ont eu très peur pendant l'avalanche. Heureusement il n'y a pas eu de victime.

PARTIE 1

A 1. Au supermarché
(Sample answers)
1. Je vais y aller cet après-midi.
2. Nous y repartons dans une heure.
3. J'y étais ce matin.
4. Il doit y retourner demain.
5. Ils y sont passés il y a deux heures.
6. J'y pars bientôt.
7. Elle s'y trouvait il y a une heure.
8. Il y a été hier.

B 2. À la papeterie
(Sample answers)
1. Est-ce que tu trouves des élastiques?
   J'en trouve deux boîtes.
2. Est-ce que tu as besoin de crayons?
   J'en ai besoin de deux.
3. Est-ce que tu veux des enveloppes?
   J'en veux trois paquets.
4. Est-ce que tu achètes du papier?
   J'en achète quatre blocs.
5. Est-ce que tu désires du scotch?
   J'en désire un rouleau.
6. Est-ce que tu prends des stylos à bille?
   J'en prends dix.
7. Est-ce qu'il te faut des trombones?
   Il m'en faut une boîte.
8. Est-ce que tu cherches des carnets?
   J'en cherche deux.

A/B 3. L'entretien
(Sample answers)
1. J'en parle deux.
2. Non, je n'y étudie pas le marketing.
3. Oui, j'y fais attention.
4. J'en ai besoin parce que je veux habiter en France.
5. Non, je ne veux pas vous en parler.
6. Non, je n'y ai jamais travaillé.
7. Je vais y entrer dans deux ans.
8. Oui, j'en ai envie.
9. J'en prends au lycée.
10. Non, je n'y suis jamais allé(e).

C 4. Chez le photographe
(Sample answers)
1. Certains appareils-photo sont très chers.
2. Quelques-uns sont en solde.
3. Quelques-unes sont floues.
4. Plusieurs ont gagné des prix.
5. Un autre va faire les photos au mariage de ma cousine.
6. La plupart sont moins chères.
7. Certains sont en noir et blanc.
8. Non, une autre vendeuse m'a donné ces mauvaises piles.

C 5. À la supérette
(Sample answers)
1. préfère une autre marque de détergent
2. a envie de quelques billets de loterie
3. met d'autres produits sur le rayon
4. ai besoin de plusieurs rouleaux de Sopalin
5. recommande certaines marques de savon
6. paie la plupart de ses achats avec sa carte de crédit
7. refuses la plupart des suggestions du vendeur
8. achètent quelques pelotes de ficelle

PARTIE 2

Pratique L'accord du participe passé
Chez le coiffeur
1. Oui, je l'ai vue.
2. Oui, j'en ai fait une.
3. Non, je ne les ai pas colorés.
4. Oui, j'en ai acheté une.
5. Non, je n'en ai pas voulu.
6. Oui, je les ai lues.
7. Oui, je les ai écoutés.
8. Oui, j'y ai fait attention.
9. Non, je n'y ai pas pensé.
10. Oui, je les ai remerciés.

A 1. La coiffure et vous
(Sample answers)
1. Je la fais sur le côté.
2. Je leur recommande le salon «Coiffure Christine».
3. Non, je ne les colore pas.
4. Oui, j'en utilise un.
5. Oui, j'y fais attention.
6. Non, je n'y suis pas fidèle.
7. Oui, je la conseille souvent.
8. Je lui rends visite tous les mois.
9. Oui, j'en mets.
10. Je leur dis: «Choisissez un style simple».

A/B 2. Retour du Maroc
1. Oui, je les y ai invités.
2. Oui, il m'en a donné un.
3. Oui, je la leur ai empruntée.
4. Oui, je leur en ai acheté.
5. Oui, il m'y a emmené(e).
6. Oui, il me l'a envoyée.
7. Oui, je lui en ai parlé.
8. Oui, nous l'y avons célébrée.
9. Oui, il m'en a offert.
10. Oui, je le lui ai donné.

A/B 3. À vos ordres!
(Sample answers)

1. Faites-m'en
2. Lavez-les-leur
3. Laissez-les-moi longs
4. Vendez-le-nous
5. Coupez-la-moi
6. Rasez-les-nous
7. Faites-leur-en
8. Mettez-le-moi

Pratique Faire + infinitif
Que faire?
(Sample answers)

1. Tu le fais réparer.
2. Je les fais changer.
3. Elle la fait enlever.
4. Vous la faites laver.
5. Il le fait repasser.
6. Tu le fais nettoyer.
7. Vous les faites couper.
8. Nous les faisons préparer.

A 1. Les services
(Sample answers)

1. Je fais réparer ma voiture. Je fais changer l'huile.
2. Je fais enlever les taches de ma robe. Je fais nettoyer mon tailleur.
3. Je fais changer mes talons. Je fais réparer mes chaussures.
4. Je fais développer ma pellicule. Je fais réparer le flash de mon appareil-photo.
5. Je me fais couper les cheveux. Je me fais faire une permanente.
6. Je me fais couper les ongles. Je me fais mettre du vernis.

Communication
A. Soyons écologiques!
(Sample answers)

Le produit vaisselle que vous utilisez maintenant est dangereux. Il pollue les océans et il est dangereux pour les poissons.

Je vous recommande d'utiliser le produit Rainett parce qu'il est inoffensif pour l'environnement. Il est efficace et il nettoie bien la vaisselle. Il laisse les mains douces.

Il est très important que nous respections l'environnement. Chacun doit y faire attention parce que l'environnement est fragile. La pollution est un problème. Il faut utiliser des bons produits.

B. Sondage
(Sample answers)

1. Je les fais à Macy's.
2. J'y achète des vêtements.
3. J'en achète plusieurs par mois.
4. Oui, je leur en donne souvent.
5. Je ne l'y emmène jamais.
6. Je le lui rapporte.
7. J'en achète d'autres.
8. Non, je n'aime pas y aller parce qu'on doit y attendre longtemps.
9. Je les achète à la papeterie près de chez moi.
10. Oui, j'en ai fait un hier. Je l'ai donné à ma soeur. C'était une cassette.

PARTIE 1

A 1. À la douane

1. Je n'ai été ni hospitalisé(e) ni malade.
2. Je n'ai rien à déclarer.
3. Je ne possède aucune arme.
4. Personne n'a photocopié ma carte d'identité.
5. Je n'ai perdu mon permis de conduire nulle part.
6. Je n'ai acheté aucun médicament.
7. Je ne transporte ni plantes ni nourriture.
8. Je n'ai rencontré personne de suspect.
9. Je ne cache rien dans mon sac à dos.
10. Je ne suis entré(e) illégalement nulle part.

B 2. Des vacances pour tous!
(Sample answers)

1. Il ne connaît que l'anglais.
2. Nous ne mangons que des légumes.
3. Vous n'allez qu'à la montagne.
4. Je ne pars qu'à la campagne.
5. Elle ne prend que le train.
6. Nous ne sommes libres qu'en août.
7. Tu ne fais que des stages.
8. Elle n'aime que la planche à voile.

PARTIE 2

Pratique Le futur
Allons au festival!

1. Est-ce que tu obtiendras nos cartes
   d'embarquement à l'avance?
   Oui, je les obtiendrai à l'avance.
2. Est-ce que nous ferons une escale?
   Non, nous n'en ferons pas.
3. Est-ce que l'avion atterrira à La Nouvelle-Orléans?
   Oui, il y atterrira.
4. Est-ce que j'aurai un billet de classe touriste?
   Oui, tu en auras un.
5. Est-ce que nous pourrons avoir un siège près de la
   fenêtre?
   Oui, vous pourrez en avoir un.
6. Est-ce que tu sauras le numéro de vol demain?
   Non, je ne le saurai pas demain.
7. Est-ce que nous paierons nos billets au retour?
   Non, vous ne les paierez pas au retour.
8. Est-ce que les hôtesses offriront des sodas?
   Oui, elles en offriront.

A 1. Tout se passera bien
(Sample answers)

1. enverrons des cartes postales à toute la famille
2. dormira dans l'avion
3. attachera sa ceinture de sécurité
4. ferai attention à nos valises
5. nous promènerons dans l'aéroport
6. appellerez maman de l'aéroport
7. devront nous attendre à l'arrivée
8. achèteras quelques magazines
9. pourrai me reposer chez les grands-parents
10. serez au courant de ce qui se passe

B 1. Les projets
(Sample answers)

1. Si nous ne pouvons pas partir, nous annulerons
   nos réservations.
2. Si vous allez en Suisse, vous passerez par la
   douane.
3. Si je suis fatigué(e), je reviendrai plus tôt.
4. Si tu veux faire des économies, tu voyageras en
   deuxième classe.
5. S'ils ne compostent pas leurs billets, ils auront une
   amende.
6. Si vous ratez le train, vous prendrez le prochain.
7. Si je ne sais pas quel est le quai de départ, je
   regarderai le tableau d'affichage.
8. Si nous désirons acheter un autre billet, nous
   irons au guichet.

C 2. Bientôt les vacances!
(Sample answers)

1. Ils prendront des bains de soleil quand ils seront à
   la plage.
2. Tu feras de la planche à voile quand tu iras à la
   Martinique.
3. Vous écrirez des cartes postales quand vous serez
   en vacances.
4. Il ira au zoo quand il aura du temps libre.
5. Nous prendrons l'avion quand nous partirons en
   France.
6. Elles passeront par la douane quand elles
   arriveront en Afrique.
7. Je verrai la Tour Eiffel quand je visiterai Paris.
8. Vous vous promènerez dans les bois quand vous
   ferez du camping.

C 3. Que ferez-vous?
(Sample answers)

1. Je ferai un stage lorsque je serai en vacances.
2. Je chercherai du travail aussitôt que j'obtiendrai
   mon diplôme.

3. J'irai au cinéma dès que j'aurai du temps libre.
4. Je louerai un studio en ville dès que je serai indépendant(e).
5. Je voyagerai lorsque je gagnerai assez d'argent.
6. Je visiterai Paris aussitôt que j'en aurai l'opportunité.
7. Je choisirai une Ferrari quand j'achèterai une voiture.
8. Je me ferai couper les cheveux lorsque je chercherai du travail.

Pratique Le conditionnel

En avion
(Sample answers)
1. vendraient des produits hors-taxe
2. annoncerait l'heure d'arrivée
3. auraient des places près des fenêtres
4. voudrais un siège dans la section non-fumeur
5. feriez des réservations à l'avance
6. voyagerais plus confortablement en première classe
7. achèterions des billets aller et retour
8. mettraient les bagages à main sous le siège
9. serait direct
10. me présenterais à la porte de départ à l'heure

D 1. Les conditions
(Sample answers)
1. achèterais un billet de première classe
2. attendriez le train suivant
3. demanderions au contrôleur
4. prendrais un siège près de la fenêtre
5. loueraient une voiture
6. demanderait les billets
7. aurais besoin de deux valises
8. réserverions nos places
9. présenterais mon passeport
10. devriez en acheter d'autres

Communication

A. L'entrée au Canada
(Answers will vary.)

B. Où iriez-vous?
(Sample answers)
1. je partirais en Afrique.
2. Je visiterais de nombreux pays.
3. Je mangerais des spécialités africaines.
4. Je rencontrerais des gens intéressants.
5. Je discuterais avec les jeunes africains.
6. J'irais dans des petits villages.

PARTIE 1

A 1. Que choisir?
(Sample answers)
1. Elles sont moins bruyantes que les hôtels en ville.
2. Il fonctionne aussi bien qu'aux États-Unis.
3. Elle est meilleure que dans un hôtel bon marché.
4. Ils acceptent moins souvent les chèques que les cartes de crédit.
5. Elle coûte plus cher que la demi-pension.
6. Ils sont aussi pratiques que les cartes de crédit.
7. Ils sont mieux situés que les auberges de jeunesse.
8. Elles ferment plus souvent que les restaurants.
9. Elle est meilleur marché qu'un hôtel.
10. Il est mieux fait que dans une auberge de jeunesse.

B 2. Le guide touristique
(Sample answers)
1. La Côte d'Azur est la région la plus touristique de France. L'Alsace est la région la moins touristique de France.
2. Un accès pour les personnes handicapées est l'installation la plus importante d'un hôtel. Une salle d'exercices est l'installation la moins importante d'un hôtel.
3. Versailles est le château le plus connu des Américains. Chenonceaux est le château le moins connu des Américains.
4. Napoléon est le personnage le plus célèbre de l'histoire de France. Richelieu est le personnage le moins célèbre de l'histoire de France.
5. La carte de crédit est le paiement le mieux accepté dans les hôtels. Le chèque personnel est le paiement le moins bien accepté dans les hôtels.
6. Un restaurant trois étoiles est le restaurant le meilleur de la ville. Un restaurant sans étoile est le restaurant le moins bon de la ville.
7. Les catacombes sont les attractions les plus insolites de Paris. Le cimetière du Père-Lachaise est l'attraction la moins insolite de Paris.
8. Une chambre avec salle de bains privée est la chambre la plus spacieuse d'une auberge. Une chambre à un lit est la chambre la moins spacieuse d'une auberge.

A/B 3. Paris–Londres
(Sample answers)
1. L'hovercraft est aussi rapide que le tunnel. Le ferry est le moins rapide.
2. Le tunnel est moins amusant que le ferry. L'hovercraft est le plus amusant.
3. Le tunnel est plus récent que l'hovercraft. Le ferry est le moins récent.
4. Le tunnel est aussi régulier que l'hovercraft. Le ferry est le moins régulier.
5. Le ferry est moins pratique que le tunnel. L'hovercraft est le moins pratique.
6. Le tunnel est aussi dangereux que l'hovercraft. Le ferry est le plus dangereux.

PARTIE 2

A/B 1. Des choix à faire
(Sample answers)
1. Auquel vas-tu?
   Je vais à celui qui a des tableaux de Picasso.
2. Desquelles parles-tu?
   Je parle de celles qui sont les moins sympathiques.
3. Lesquels préfères-tu?
   Je préfère ceux qui montrent le plus de photos.
4. À laquelle participes-tu?
   Je participe à celle qui est la moins longue.
5. Duquel reviens-tu?
   Je reviens de celui qui est le plus près.
6. Lequel choisis-tu?
   Je choisis celui qui est le moins cher.
7. Auxquelles assistes-tu?
   J'assiste à celles qui sont les plus amusantes.
8. Lesquelles veux-tu?
   Je veux celles qui sont les plus chaudes.
9. Laquelle envoies-tu?
   J'envoie celle qui est la plus jolie.
10. Desquels discutes-tu?
    Je discute de ceux qui sont les plus anciens.

Pratique Pronoms possessifs
Toujours la même chose!
1. ont réveillé les leurs à sept heures tous les jours aussi.
2. ai téléphoné aux miens tous les jours aussi.
3. a utilisé le sien aussi.
4. a écrit aux siens aussi.
5. as demandé des nouvelles des tiennes aussi.
6. avons parlé de la nôtre à la gérante aussi.
7. avez toujours pris le vôtre dans la chambre aussi.
8. as contesté la tienne aussi.
9. avons perdu les nôtres aussi.
10. a remercié la sienne aussi.

Communication

Où irez-vous?

(Sample answers)

- L'hôtel des Sommets est moins cher que l'auberge du Cheval Blanc.
- Le Club Soleil et Sport est le plus intéressant.
- L'auberge du Cheval Blanc offre plus de sports que les autres.
- L'hôtel des Sommets a le meilleur service.
- Le Club Soleil et Sport est plus sympathique que l'hôtel des Sommets.
- L'auberge du Cheval Blanc est mieux située que l'hôtel des Sommets.

Je voudrais aller au Club Soleil et Sport parce que j'adore la mer et je veux me bronzer.

PARTIE **1**

A 1. Une épidémie
(Sample answers)

1. Je suis sûr(e) que tu te sens malade parce que tu as une bronchite.
2. Je ne suis pas sûr(e) que vous soyez trop faibles parce que vous êtes bien portants.
3. Je suis certain(e) qu'elles sont fatiguées parce qu'elles ont beaucoup travaillé.
4. Je doute que tu aies mal au ventre parce que tu n'as pas mangé de gâteau.
5. Je sais que vous saignez du nez parce que vous êtes tombés.
6. Je souhaite que tu ailles chez le docteur parce que tu as de la fièvre.
7. Je sais qu'elle tousse énormément parce qu'elle a mal à la gorge.
8. Je désire que vous restiez au lit parce que vous avez des nausées.

B 2. Actions et réactions
(Sample answers)

1. Ils peignent leur voiture en rouge.
2. Vous plaignez Marianne.
3. Je crois Patrick.
4. Il éteint la télévision.
5. Je me plains du professeur.
6. Ils croient au Père Noël.
7. Vous vous plaignez de vos yeux.
8. Nous croyons aux fantômes.
9. Tu crains la réaction de tes parents.
10. Elle peint sa chambre.

C 3. À l'hôpital
(Sample answers)

1. est fier de soigner une célébrité
2. suis désolé(e) que vous vous sentiez mal
3. craignez qu'il soit très malade
4. sont surprises qu'il aille bien
5. regrette de ne pas travailler samedi
6. sommes tristes que vous ayez une bronchite
7. êtes furieux qu'ils ne prennent pas leurs médicaments
8. suis ravi(e) qu'il se porte bien

C 4. Sentiments personnels
(Sample answers)

1. Je suis malheureux(se) qu'il ait mal.
2. Je suis fier (fière) de recevoir une médaille.

3. Je crains qu'il (elle) soit en retard.
4. Je suis surpris(e) de recevoir ce cadeau.
5. J'ai peur qu'il (elle) aille à l'hôpital.
6. Je suis furieux (furieuse) de ne pas avoir fait attention.
7. Je regrette qu'ils ne soient pas là.
8. Je crains d'être malade.
9. Je suis ravi(e) qu'il devienne riche.
10. Je suis triste d'être puni(e).

D 5. Diagnostics
(Sample answers)

1. Il est probable qu'ils ont la varicelle.
2. Je ne suis pas sûr(e) qu'il doive prendre des vitamines.
3. Il est possible que vous ayez besoin d'antibiotiques.
4. Je ne pense pas qu'ils aient besoin d'aller à l'hôpital.
5. Je pense que vous êtes allergiques au pollen.
6. Je ne crois pas que vous soyez encore contagieux.
7. Il est évident que tu dois aller chez l'oculiste.
8. Je crois qu'il va prendre votre tension.

PARTIE **2**

A 1. Mauvaises nouvelles
(Sample answers)

1. Je suis désolé(e) qu'ils aient eu des problèmes de santé.
2. Je déplore qu'elle se soit fracturé l'épaule.
3. Je regrette qu'ils soient restés à l'hôpital une semaine.
4. Je suis désolé(e) que tu aies été déprimée.
5. Je suis triste qu'elle se soit brûlée en cuisinant.
6. Je suis désolé(e) qu'il se soit coupé au doigt.
7. Je déplore qu'il se soit foulé la cheville en faisant du ski.
8. Je regrette qu'elles se soient blessées pendant les vacances.
9. Je suis désolé(e) que vous ayez pris des gouttes très mauvaises.
10. Je suis triste qu'ils soient tombés en faisant de l'escalade.

Answer Key

UNITÉ 7

Communication

A. Le concours

Question #1: a
Question #2: b
Question #3: c

(Sample answer)

Je suis ravi(e) d'avoir gagné le premier prix. Je suis content(e) d'aller en Thaïlande car c'est un pays magnifique que je veux visiter.

B. Action humanitaire

(Sample answers)

Il faut que j'aille en Somalie parce que les Somaliens ont besoin d'aide. Ils sont malades parce qu'ils n'ont pas assez à manger.

Je suis désolé(e) que vous ne vouliez pas me laisser partir.

Je suis sûr(e) que je n'aurai aucun problème en Somalie. Je ne serai pas seul(e) et les médecins m'aideront si j'ai un accident.

Je suis triste que vous ne compreniez pas ce que fait l'association.

Les docteurs de «Médecins du Monde» soignent les malades dans beaucoup de pays. C'est une action humanitaire. Ils donnent des médicaments et aident les pauvres.

PARTIE 1

A 1. De bonnes idées
(Sample answers)

1. Ah, si nous avions une voiture. . .
   Et si nous prenions le bus?
2. Ah, si elle venait avec nous au parc. . .
   Et si elle nous y rencontrait?
3. Ah, si tu invitais Delphine. . .
   Et si je lui téléphonais?
4. Ah, si nous prenions un pot avec Charles et Joëlle. . .
   Et si nous les retrouvions au café?
5. Ah, si tes parents me prêtaient leur voiture. . .
   Et si tu demandais celle de tes parents?
6. Ah, si je sortais avec Dominique. . .
   Et si tu lui donnais rendez-vous?
7. Ah, si tu avais la télévision. . .
   Et si j'en achetais une?
8. Ah, si vous voyez l'exposition. . .
   Et si nous y allions cet après-midi?

B 2. Au rendez-vous

1. Parce que je ne les avais pas apportées.
2. Parce que je m'étais endormi(e).
3. Parce qu'elle l'avait oubliée.
4. Parce qu'ils n'étaient pas arrivés.
5. Parce que nous avions déjeuné.
6. Parce qu'elle s'était blessée.
7. Parce que nous ne nous étions pas dépêché(e)s.
8. Parce que je les avais empruntées.

B 3. Souvenirs de vacances
(Sample answers)

1. L'année d'avant, ils étaient allés à Paris.
2. L'année d'avant, tu avais voyagé en voiture.
3. L'année d'avant, elles les avaient faites tard.
4. L'année d'avant, vous étiez restés dans une auberge.
5. L'année d'avant, je les avais organisées avec mes parents.
6. L'année d'avant, elle s'était promenée à la montagne.
7. L'année d'avant, nous nous étions retrouvé(e)s à Nice.
8. L'année d'avant, j'avais fait la connaissance de ses parents.
9. L'année d'avant, il les avait rencontrés en Espagne au mois d'août.
10. L'année d'avant, nous étions partis en Tunisie.

PARTIE 2

A/B 1. En ville
(Sample answers)

1. Si tu allais à la bibliothèque, tu emprunterais des livres.
2. Si elles allaient au centre sportif, elles joueraient au basket.
3. Si j'allais à la poste, j'enverrais des lettres.
4. S'il allait à la station-service, il achèterait de l'essence.
5. Si nous allions au café, nous prendrions un pot.
6. Si vous alliez au parc, vous promèneriez le chien.
7. Si tu allais à la mairie, tu rencontrerais le maire.
8. S'ils allaient au cinéma, ils regarderaient un film.

B 2. À Paris
(Sample answers)

1. S'il travaillait dans le centre-ville, il prendrait le métro chaque matin.
2. Si j'habitais dans un quartier bruyant, je serais stressé(e).
3. Si elle était étudiante, elle irait souvent à la Bibliothèque nationale.
4. Si nous souhaitions être acteurs, nous prendrions des cours au Conservatoire des Arts et Métiers.
5. Si nous habitions dans un immeuble, nous n'aurions pas envie de vivre dans une tour.
6. Si le centre commercial des Halles était tout près de chez nous, ma soeur y irait souvent.
7. Si je détestais le tennis, je n'irais pas voir les matchs au stade Roland-Garros.
8. Si elle adorait les jardins publics, elle se promènerait régulièrement au jardin du Luxembourg.
9. S'ils habitaient loin de chez moi, ils ne viendraient pas chez moi à pied.
10. Si nous n'avions pas beaucoup d'argent, nous ne prendrions pas de taxi pour aller au centre-ville.

C 3. Une interview spéciale
(Sample answers)

1. Pourriez-vous décrire une journée typique à la Maison-Blanche?
2. Souhaiteriez-vous être président d'un autre pays?
3. Pourriez-vous expliquer les raisons du chômage?
4. Aimeriez-vous faire un autre métier?
5. Devriez-vous participer à toutes les sessions du congrès?
6. Voudriez-vous préciser votre plan pour aider les jeunes?
7. Aimeriez-vous raconter une anecdote politique?
8. Devriez-vous rencontrer le président russe?

C 4. Pour les jeunes

(Sample answers)

1. Je promets qu'il recevra du matériel.
2. J'ai déclaré que je leur prêterais de l'argent.
3. J'ai annoncé que je demanderais aux jeunes d'être volontaires.
4. J'écris que j'organiserai des activités sportives pour les jeunes.
5. Je déclare que les jeunes iront dans leurs commerces.
6. Je prédis qu'ils en auront un bientôt.
7. J'ai affirmé que nous ferions attention aux arbres.
8. J'ai dit que je parlerais au maire.
9. Je promets qu'ils feront plus attention.
10. J'ai déclaré que le maire leur donnerait du travail.

PARTIE 3

A 1. Une visite à Paris

(Sample answers)

1. n'avait pas eu mal aux pieds, elle se serait promenée au jardin des Tuileries
2. n'avaient pas acheté de billet, ils ne seraient pas entrés au palais de la Découverte
3. n'avais pas été malade, tu aurais fait une promenade en bateau sur la Seine
4. aviez pris des chèques de voyage, vous n'auriez pas perdu tout votre argent
5. avais été en forme, je serais monté(e) en haut de la Tour Eiffel à pied
6. avions voulu voir un immeuble moderne, nous serions allé(e)s à la tour de la Défense
7. n'avait pas visité le Louvre, elle l'aurait regretté.
8. n'étais pas allé(e) aux Champs-Élysées, tu n'aurais pas vu l'Arc de Triomphe
9. avions eu le temps, nous aurions visité Versailles.
10. avaient regardé le plan, elles seraient descendues à la bonne station de métro

B 2. Au journal

1. serais
2. avais eu
3. avais travaillé
4. regretterez
5. obtiens
6. irais
7. souhaitiez
8. étiez partie
9. aurais pris
10. n'aurais pas pensé
11. serais
12. acceptez
13. réaliserais
14. pourrais
15. pourriez

Communication

L'agence immobilière

(Sample answers)

1. Si vous préfériez en louer un, je vous recommanderais un studio à Fontenay aux Roses.
2. Vous devriez m'appeler demain.

* * * * *

3. Si vous en aviez cherché un, je vous aurais proposé celui de Gonesse.
4. Si vous aviez voulu un commerce, vous auriez pu louer une supérette.
5. Vous devriez revenir un autre jour.

* * * * *

6. Je dis que vous en trouverez un à Eaubonne.
7. Si vous ne vouliez pas payer trop cher, vous loueriez un studio à Fontenay aux Roses.
8. Vous pourriez en visiter un si vous étiez intéressée.

PARTIE 1

A 1. Les uns et les autres
(Sample answers)
1. Se sont-ils aimés?
   Non, ils se sont disputés.
2. Se sont-ils revus?
   Oui, ils se sont donné rendez-vous.
3. Vous êtes-vous bien entendus?
   Non, nous nous sommes querellés.
4. Se sont-elles réconciliées?
   Oui, elles se sont téléphoné.
5. Vous êtes-vous aidés?
   Non, nous nous sommes fâchés.
6. Se sont-ils bien entendus?
   Non, ils se sont mal entendus.
7. Se sont-elles revues?
   Oui, elles se sont rencontrées.
8. Vous êtes-vous mal entendus?
   Oui, nous nous sommes disputés.

B 2. L'aide sociale
1. J'éprouve de l'affection pour ces personnes qui ont besoin de courage.
2. L'amitié et le respect sont des sentiments qui sont très importants.
3. C'est un père de famille que j'ai aidé à trouver du travail.
4. Je plains toutes les personnes qui dorment dans la rue.
5. Les enfants ont mangé tous les gâteaux que tu avais faits.
6. Nous avons rénové les deux maisons que le maire a offertes.
7. Ce sont des photographies qu'ils ont prises eux-mêmes.
8. J'ai contacté plusieurs restaurants qui ont promis de donner de la nourriture.
9. J'ai rencontré des familles qui n'ont pas eu de chance.
10. L'association a distribué les vêtements que notre classe avait collectés.

B 3. Le concert
1. que
2. qui
3. qui
4. que
5. que
6. qui
7. que
8. qui
9. que
10. qui

C 4. Chez vous
(Sample answers)
1. C'est la correspondante à qui j'écris en français.
2. C'est l'ordinateur avec lequel je travaille.
3. Ce sont les boîtes dans lesquelles je mets mes bijoux.
4. C'est l'amie en qui j'ai une confiance absolue.
5. C'est la table sur laquelle je fais mes devoirs.
6. C'est l'athlète pour qui j'éprouve de l'admiration.
7. C'est la copine sur qui je peux compter.
8. C'est l'équipe pour laquelle je joue au basket.
9. C'est le camarade avec qui je vais en classe.
10. Ce sont les tickets pour les concerts auxquels je vais assister.

D 5. Vos connaissances
(Sample answers)
1. Il s'entend bien avec l'enfant dont Sophie s'occupe.
2. Nous voyons souvent la fille dont François est amoureux.
3. Tu ne me prêtes pas les livres dont tu te sers.
4. Ils n'ont pas les problèmes de santé dont mes parents se plaignent.
5. Vous ne lisez jamais les articles dont nous discutons.
6. J'emprunte l'argent dont j'ai besoin.

D 6. La fête
(Sample answers)
1. Parce que c'est le garçon dont Marie est amoureuse.
2. Parce que ce sont les enfants dont je m'occupe.
3. Parce que ce sont les CD dont nous avons besoin.
4. Parce que c'est le nom dont je me souviens.
5. Parce que ce sont les cassettes dont vous parlez.
6. Parce que ce sont les problèmes dont elle se plaint.
7. Parce que c'est le livre de cuisine dont je me sers.
8. Parce que c'est le jeu dont elles discutent.

PARTIE 2

A 1. C'est la vie!
(Sample answers)
1. Ce sont les études que je désire faire. Ce sont des études qui sont chères et pour lesquelles je dois gagner de l'argent.
2. Ce sont des personnes sur qui je peux compter. Ce sont des personnes qui m'aident et avec qui je discute de mes problèmes.

3. C'est le métier que j'ai envie de faire. C'est un métier qui me plaît et pour lequel je travaille dur.
4. C'est l'âge que je préfère. C'est l'âge auquel on s'amuse et qu'on regrette.
5. C'est la machine avec laquelle je travaille. C'est la machine dont j'ai besoin et que je veux acheter.
6. C'est l'âge auquel on prend sa retraite. C'est l'âge dont on discute beaucoup et qu'on craint.
7. Ce sont les personnes en qui j'ai une confiance absolue. Ce sont les personnes avec qui je parle de mes problèmes et qui m'aident.
8. C'est un événement que je crains. C'est un événement qui est triste et pour lequel on n'est pas préparé.
9. C'est un problème dont je me plains. C'est un problème qui est sérieux et pour lequel j'aimerais trouver une solution.
10. C'est un âge qui est difficile. C'est un âge que les adultes comprennent mal et pour lequel ils n'ont pas de patience.

B 2. Ce que vous faites
(Sample answers)
1. J'achète ce dont j'ai besoin et ce qui me fait plaisir.
2. Je prends ce que je préfère et ce qui est léger.
3. Je demande ce dont j'ai envie et ce que je désire.
4. Je regarde ce qui m'intéresse et ce que j'aime.
5. Je raconte ce dont je me souviens et ce qui s'est passé.
6. Je me rappelle ce qu'il a dit et ce dont il a discuté.
7. Je dis ce dont les jeunes se plaignent et ce qu'ils demandent.
8. Je veux savoir ce qu'elle a dit et ce dont elle s'occupe.
9. Je cherche ce que je collectionne et ce qui est rare.
10. Je leur donne ce dont ils ont envie et ce qu'ils veulent.

Communication

A. Le comité des lecteurs
(Sample answers)
Le problème qui m'intéresse le plus est le problème de l'adolescence. C'est un âge qui est intéressant parce qu'on change. On devient un adulte, ce qui est difficile. Ce dont on a envie, c'est d'être écouté. C'est l'âge que j'ai maintenant.

Ce qui m'amuse sont certains programmes à la télévision et aussi les jeux vidéo. Aller à l'université et avoir un bon métier est ce dont je rêve. Ce que je souhaite pour le futur est qu'il n'y ait plus de sans-abri.

B. Biographie
VOTRE ENFANCE
Je suis né(e) le 7 septembre 1980 à New York. Je suis allé(e) à l'école, ce que je n'aimais pas beaucoup. Ce que je préférais, c'était les vacances d'été parce que j'allais chez ma grand-mère qui habite à la montagne. Ce que je n'aimais pas, c'était aller chez le dentiste parce que j'avais peur.

VOTRE ADOLESCENCE
Je vais au lycée. Mon athlète favori est (Shaquille O'Neal) parce qu'il est le meilleur. Je m'entends bien avec mes amis. (Nicolas) est mon meilleur ami. Les études sont le problème dont nous discutons le plus souvent.

L'ÂGE ADULTE
La médecine est la profession que j'ai choisie parce que j'aime aider les gens qui en ont besoin. Mcs amis sont des personnes sympathiques avec qui je joue au golf. Mes parents et moi, nous nous voyons souvent parce qu'ils habitent tout près de chez moi.

PARTIE 1

A 1. Les études
(Sample answers)
1. devront étudier la chimie pour devenir pharmaciennes
2. devra étudier la biologie pour devenir infirmier
3. devrez étudier la médecine pour devenir chirurgiens
4. devrai étudier la finance pour devenir banquier (banquière)
5. devra étudier le droit pour devenir avocate
6. devras étudier le journalisme pour devenir journaliste
7. devrez étudier la physique pour devenir scientifiques
8. devrons étudier l'informatique pour devenir spécialistes de logiciel

A 2. Les conseils
(Sample answers)
1. Pour être diplomate, il faut apprendre les sciences politiques.
2. Avant d'être spécialiste, tu dois apprendre l'informatique.
3. Avant d'être patronne, tu devras être employée.
4. Tu ne peux pas gagner ta vie sans travailler.
5. Pour devenir journaliste, tu dois continuer tes études.
6. Tu dois faire des études commerciales pour devenir femme d'affaires.
7. Tu ne peux pas devenir juge sans faire d'études juridiques.
8. Tu ne pourras pas te spécialiser sans avoir de diplôme.
9. Tu dois finir tes études avant de chercher du travail.
10. Pour devenir assistante sociale, on doit étudier les sciences humaines.

B 3. Les stages
1. Il est heureux d'avoir fait du droit.
2. Elle est ravie d'avoir parlé une langue étrangère.
3. Elles sont contentes d'être allées chez un agent de change.
4. Elle est désolée d'être partie dans un bureau en banlieue.
5. Nous sommes furieux d'avoir vexé la patronne.
6. Ils sont enchantés d'être venus au laboratoire du chercheur régulièrement.
7. Tu es triste d'être restée seule dans une petite pièce sans fenêtre.
8. Vous êtes satisfaites d'avoir parlé avec le chef du personnel.
9. Nous sommes frustrées d'avoir eu des cours de gestion.
10. Elle est surprise d'être arrivée à l'heure tous les jours.

B 4. Avant et après
(Sample answers)
1. Je suis fatigué(e) après avoir joué au basket.
2. Je rentre à la maison après avoir fini mes cours.
3. Je vais me coucher après m'être déshabillé(e).
4. J'achète quelque chose après avoir gagné de l'argent.
5. Je m'excuse après m'être trompé(e).
6. Je me sens malade après avoir mangé trop de hamburgers.
7. Je suis anxieux (anxieuse) après m'être disputé(e) avec mes parents.
8. Je suis félicité(e) après avoir eu une bonne note.
9. Je gagne de l'argent après avoir travaillé.
10. Je me réconcilie avec mon ami(e) après m'être querellé(e) avec lui (elle).

C 5. Les explications
(Sample answers)
1. On apprend une langue étrangère en parlant cette langue souvent et en écoutant des cassettes.
2. On étudie la littérature en lisant beaucoup de livres et en connaissant les auteurs classiques.
3. On se spécialise en allant à l'université et en continuant ses études.
4. On fait bonne impression en étant toujours à l'heure et en sachant ses leçons.
5. On devient spécialiste de marketing en faisant des études commerciales et en travaillant dur.
6. On se perfectionne en maths en prenant des cours le weekend et en étudiant ses leçons.
7. On réussit au lycée en obtenant de bonnes notes et en assistant à tous les cours.
8. On obtient une promotion en finissant son travail à l'heure et en offrant de nouvelles idées.

C 6. Deux choses à la fois
(Sample answers)
1. lit le journal en mangeant
2. discutons en nous promenant
3. écoutes la radio en conduisant
4. se blesse en coupant les légumes
5. apprenons notre leçon en nous amusant
6. me regarde dans le miroir en m'habillant
7. lit le rapport en téléphonant au comptable
8. s'amusent en voyant le film
9. travaillez en étant malade
10. montent dans le bus en se disputant

Answer Key

UNITÉ 10

PARTIE 2

A 1. Le chef du personnel

1. Il m'engagera à condition que je fasse un stage avant.
2. Il refusera de vous employer à moins que vous ayez des références.
3. Il interviewera Marion à moins qu'elle soit en retard.
4. Il t'offrira un emploi à temps complet à condition que tu fasses l'affaire.
5. Il ne nous parlera pas à moins que nous sollicitions un entretien.
6. Il considèrera la candidature de Marie à condition qu'elle ait besoin d'un emploi temporaire.
7. Il répondra à ta lettre à condition que tu mettes ton adresse.
8. Il ne prendra pas rendez-vous avec elles à moins qu'elles parlent français.

A 2. Limites et conditions

(Sample answers)

1. Ton frère a jeté ton journal avant que tu lises les annonces.
2. Ton père vous apprend l'informatique pour que vous sachiez utiliser un ordinateur.
3. Stéphanie te conduit jusqu'à ce que tu aies une voiture.
4. Yvon a envoyé le curriculum vitae de Patricia sans qu'elle mette son adresse sur l'enveloppe.
5. J'ai lu ta lettre de recommandation sans que tu me donnes la permission.
6. Nous te dirons au revoir avant que tu partes en stage.
7. L'infirmière va rester avec Marianne jusqu'à ce qu'elle soit en bonne santé.
8. Ta mère t'a acheté un costume pour que tu fasses bonne impression.
9. Je donne ces livres à Margot avant qu'elle les achète.
10. L'agence peut vous offrir un job d'été sans que vous alliez à un entretien.

Communication

A. Les offres d'emploi

(Sample answer)

Je réponds à votre annonce car je suis intéressé(e) par le poste de manager que vous offrez. J'ai déjà été vendeur (vendeuse) en travaillant pour un magasin de chaussures. J'ai le goût des responsabilités et le sens des contacts humains. J'aimerais trouver un travail qui offre des promotions. J'aime la gestion et je veux faire des études commerciales pour devenir homme (femme) d'affaires. Je suis qualifié(e) pour ce poste et j'ai des références. Mon adresse et mon numéro de téléphone sont...

B. Le job idéal

(Sample answers)

Mon métier idéal est la recherche scientifique.
Je veux faire ce métier parce que c'est intéressant.
En faisant ce métier, j'aiderai les malades, les animaux et la planète. Je pourrai aussi découvrir quelque chose de nouveau.
Avant de faire ce métier, il faut faire des études universitaires.
J'aurai ce métier à condition que j'étudie les maths, la physique et l'informatique.